AF474822

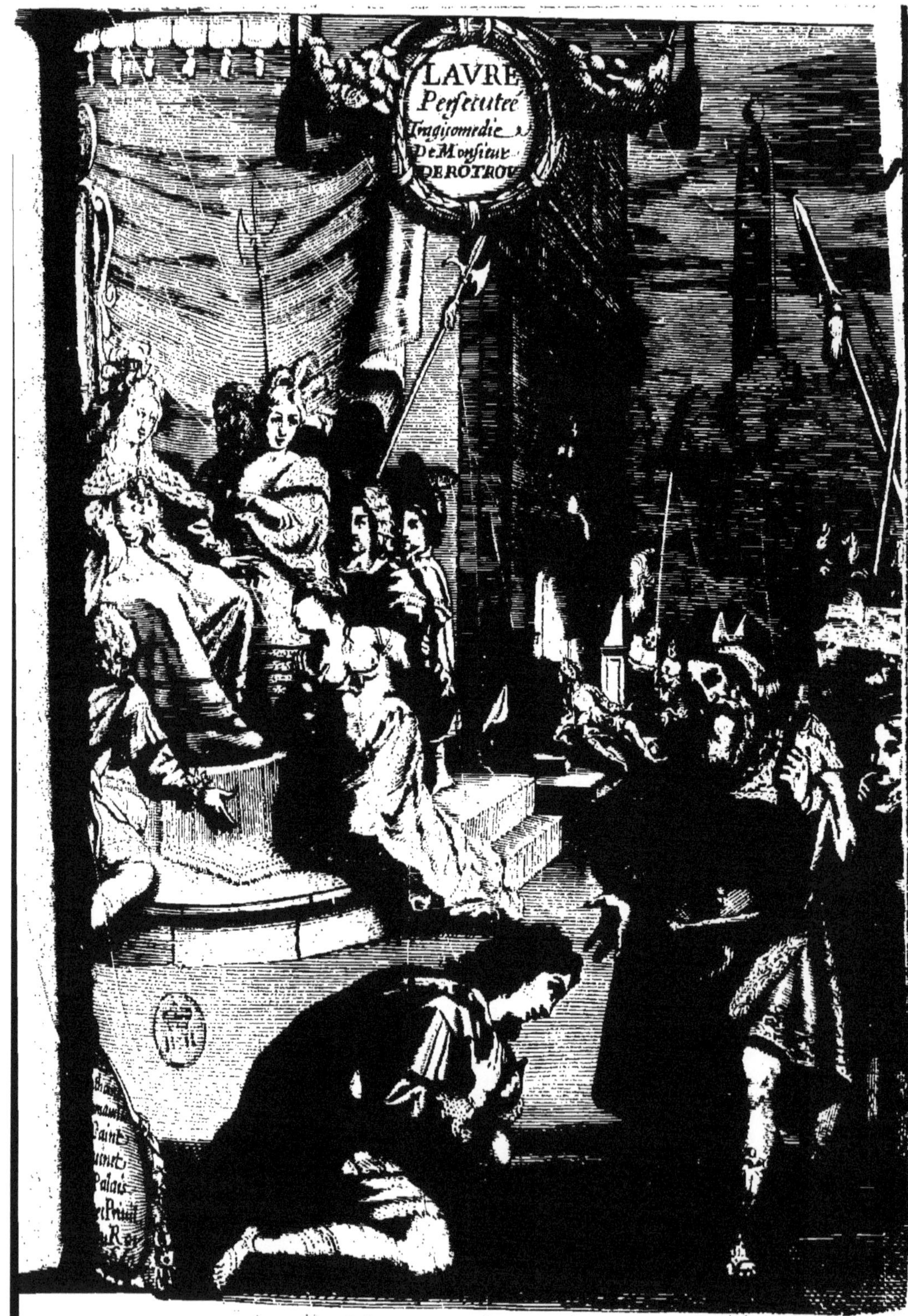
LAVRE
Perſecutée
Tragicomedie
De Monſieur
DE ROTROU

LAVRE PERSECVTEE.

TRAGICOMEDIE.

DE Mr

DE ROTROV.

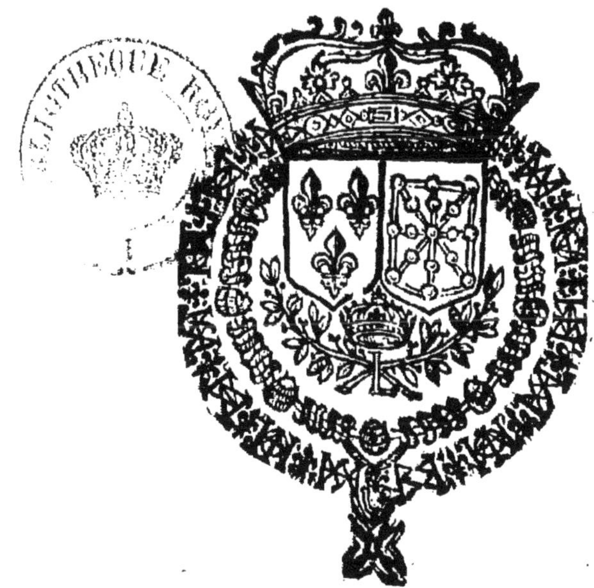

A PARIS,
ANTOINE DE SOMMAVILLE, au Palais, dans la Gallerie des Merciers, à l'Escu de France.

M. DC. XXXIX.

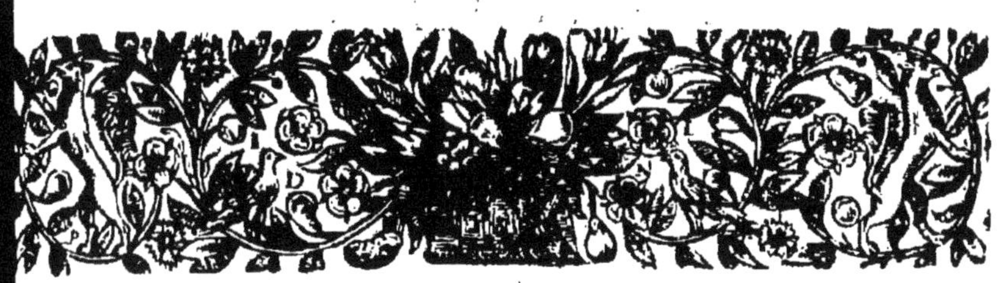

A

MADAMOISELLE, MADAMOISELLE DE VERTVS.

MADAMOISELLE,

Vous allés apprendre vne ambi-
ion, & vne temerité, que vous aurés de la peine
croire; c'eſt la paſſion que i'ay de vous faire la
eucrence, & de me preſenter deuant vne des mer-
eilles les plus acheuées de noſtre ſiecle : c'eſt mal
bſeruer ce que ce i'ay pluſieurs fois éprouué,
u'il y a peu de perſonnes à qui il ſoit à propos de
monſtrer, & à l'eſtime de qui il ne nuiſe, de ſe
ire cognoiſtre; ſi la nature n'a mis en l'exterieur
tte eloquence muette, & ce commencement
perſuaſion, qui donne d'abord vne belle im-
eſſion de ſoy, il eſt dangereux de paroiſtre de-

ẽ

uant celles qui vous ressemblent, & la presence hazarde extrémement la reputation; La prison se deuroit garder, aussi bien pour les imperfections, que pour les crimes, & pour les fautes de la nature, que pour celles des mœurs. Mais quoy qu'il en soit, il m'est impossible, MADAMOISELLE, de me tenir plus long-temps caché, & puisque ie ne puis auoir l'honneur de vous voir sans me monstrer, ie me resous plutost à perdre le peu d'estime que mes ouurages vous ont peut-estre données de moy, que le bon-heur d'admirer vn moment en vous les merueilles que i'en ay entenduës. Vostre Maison a cét aduantage sur toutes les autres, de ne produire point de petits miracles, tous les rameaux y sont dignes de leur tige; Et comme vous estes née d'vne Mere, en qui la plus seuere censure n'eust sçû treuuer de deffaut, elle a porté des Filles, en qui il n'y a rien ny à reprendre ny à excuser, & n'a mis que des soleils au iour. Il sembloit qu'elle eust suffisamment satisfait à la Nature, pour les faueurs particulieres qu'elle en auoit reçeuës, en mettant au monde cette belle Duchesse, qui passe dans l'estime de toute l'Europe, pour l'vn des plus rares ornemens de nostre Cour, qui a causé autant de ialousies qu'elle a veu de femmes, & fait autant d'innocens homicides qu'elle a regardé d'hommes: Il sembloit, dis-ie, que celle qui nous l'auoit donnée, ne nous deuoit plus cette seconde merueille qui l'a suiuie, & qui l'empesche d'estr incomparable. C'est auoir payé auec vsure les graces dont le Ciel l'auoit ornée, & luy auoir rendu deux fois ce qu'elle n'en auoit receu qu'vne. En effet, MADAMOISELLE, vostre modestie ne se doit point offencer de ce mauuais compliment; & tout le monde est d'accord que vous estes, entre les Filles, ce que Madame vostre Soeur est entre les Femmes; c'est à dire, l'vne & l'autre, la gloire de vostre sexe, la confusion du nostre, & l'admiration de tous les deux. I'espere que mes yeux me confirmeront cette verité, & que si i'ay l'honneur de vous saluer, ie verray ce que i'ay entendu. Mais pour vous estre presenté, i'ay besoin d'vne personne, en faueur de qui cette grace me soit accordée, & apres l'auoir cherchée long-temps, i'ay crû que Laure auroit ce credit aupres de vous, & que vous l'estimeriés assés pour luy ouurir vostre cabinet; Si elle m'obtient l'honneur de vous rendre mes tres-humbles sousmissions, elle ne fera pas vne chose ordinaire, & l'on pourra dire d'elle, que l'ouurage aura presenté son autheur. C'est le fruict que i'attens de l'auoir produitte, & celuy que ie pretends de vous l'auoir donnée, est la permission de me dire,

MADAMOISELLE,

Vostre tres-humble, & tres-obeïssant seruiteur, ROTROV.

ACTEVRS

LE ROY DE HONGRIE.

ORANTEE, Prince, fils du Roy de Hongrie.

LE COMTE.

LAVRE.

LYDIE, Damoiselle de Laure.

OCTAVE, Gentil-homme d'Orantée.

CLIDAMAS, Gouuerneur de Laure.

ARBAN, Seruiteur d'Orantée.

CLEONTE, Gentil-homme du Roy.

L'INFANTE.

LES VALETS.

LE CAPITAINE DES GARDES.

LES GARDES.

La Scene est en Hongrie.

ACTE I.

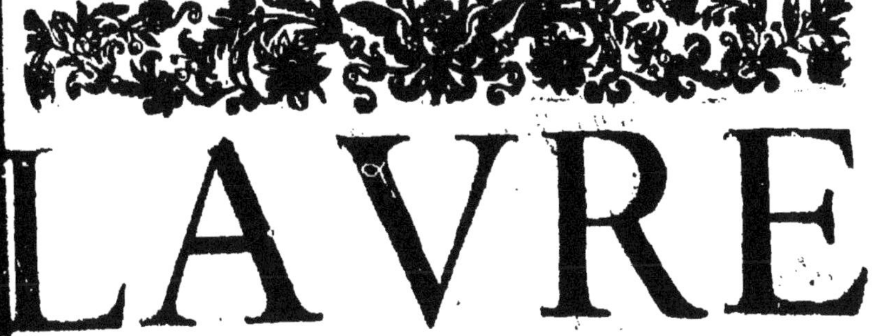

LAVRE PERSECVTEE.

TRAGICOMEDIE.

ACTE I.

SCENE PREMIERE

ORANTEE PRINCE, Fils du Roy d'Hongrie.
LE COMTE, Capitaine des Gardes.
LES GARDES.

LE COMTE.

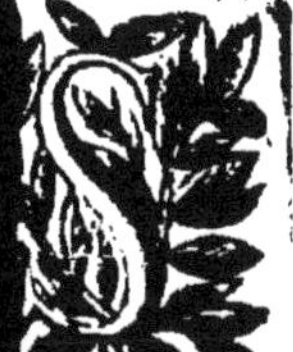

SEigneur, au nom du Roy, i'arreste vostre Altesse.

LE PRINCE.

Raillez vous?

LE COMTE.

I'obeys, & i'en ay charge expresse,

LE PRINCE.

Comte?

LE COMTE

Seigneur?

LE PRINCE.

Passez que de semblables ieux
Ne soyent à leur autheur des plaisirs hazardeux
Songez à vostre teste.

LE COMTE.

En cas de Raillerie
Ie pourois iustement craindre vostre furie,
Et ie craindrois encor pour ma temerité
Si ie vous arrestois de mon authorité,
Mais le Roy m'obligeant à cette violence
Accusez sa rigueur, non pas mon insolence,
Son ordre est vn bouclier a la main qui le sert
Et ce mesme bouclier tient ma teste à couuert.

LE PRINCE.

Hé Comte d'où luy n'aist cette aueugle cholere
Qui luy fait despoüiller tout sentiment de Pere

Et le veut obliger à punir en son fils
Ce qu'il pardonneroit mesme à ses ennemis?
Qu'il expose mon crime à l'exacte censure
Du plus seuere esprit qui soit en la Nature,
Que mon pire ennemy rende ce iugement
Loin de me condamner il plaindra mon tourment.
Aymer est mon forfait, & mon Iuge est mon pere,
Quel forfait est plus doux? quel Iuge plus seuere?
Iamais de ce beau feu ne fut il enflammé,
Et puis-ie estre son fils, s'il n'a iamais aymé.

LE COMTE.

Aymer est vn beau crime, & sur tout excusable,
Mais l'inegalité rend le choix mesprisable,
Il souhaitte à vos veux plus de proportion
Il condamne l'obiet, non pas la paßion.

LE PRINCE.

L'Amour, cette puissance aux libertez fatale,
Ce doux maistre des cœurs, rend toute chose esgale,
Il sçait bien mesurer les obiets aux desirs,
Et la proportion est, ou sont les plaisirs.

LE COMTE.

Mais on à veu souuent du mauuais choix d'vn
Prince
Naistre le deshonneur de toute vne Prouince,
Nostre interest est ioint à la rigueur du Roy,
Vn Prince comme vous, est plus aux siens qu'à soy.

LE PRINCE.

De l'insolence encor passer iusqu'à l'iniure
Ie l'entends malheureux, & lache ie l'endure,
D'eshonorer l'Estat, moy traistre, en quoy? commét.

LE COMTE.

Non pas encor, Seigneur, mais on craint seulement.

LE PRINCE.

Hé quoy?

LE COMTE.

L'euenement d'vne amour obstinée
Qui vous peut engager iusques à l'Hymenée,
On ne vous deffend pas ces mouuemens legers
Dont vous ne pretendez, que des fruicts passagers,
Vostre pere en cela s'acorde auec vostre aage
Et vous les retrancher seroit vous faire outrage.
Mais il ne peut souffrir qu'vn obiet inegal
Pretende auecque vous iusqu'au nœud coniugal.

Et que vostre ieunesse encor boüillante & prompte
Vous couure le premier d'vne eternelle honte.
Car cette Laure, enfin, auec tous ses appas
N'a rien qui puisse plaire à des yeux delicats,
Et la commune voix en fait vne peinture
Qui ne l'enrichit point des dons de la Nature,
Elle est noble (on le croit) mais au reste Seigneur
Fort pauure de fortune & peut estre d'honneur.

LE PRINCE.

Impudent, imposteur, ton insolence extreme
Va iusqu'à cet outrage, & iusqu'à ce blaspheme!
Qui me tient, qu'en ce lieu ie n'escris de ton sang
Le merite de Laure & quel sera son rang,
Croy, trop credule esprit, qu'à ta seule ignorance,
Tu dois l'impunité de cette irreuerence,
Que ton salut depend de ne connoistre pas
Ce chef d'œuure immortel, de vertus, & d'appas,
Si son nom sort iamais de ta prophane bouche
Qu'auec tous les respects deus à ce qui me touche,
Et qu'en attribuant à ce ieune Soleil
Les qualitez de l'autre, à peine son pareil,
Sçaches que cette main soutiendra son estime,
Et que ton chastiment suiura de pres ton crime.
Parle d'elle en tremblant comme des immortels,
Et iamais qu'à genoux & aux pieds des autels.

LE COMTE

I'excite auec regret vostre iuste cholere,
Mais ie suy d'autrepart les mouuemens d'vn pere,
Qui veut estre obey, qui guide icy mes pas
Qui seul mouure la bouche, & me leue le bras.
I'ay failly toutefois & mon sang sans deffence
S'offre s'il est besoin, de lauer mon offence
Et de faire rester froide, & sans mouuement
La langue qui parloit contre mon sentiment,
Car cette Laure, enfin, que i'ay tant abbaissée
Passe tous les efforts de l'humaine pensee,
I'ay fait vn monstre affreux d'vne diuinité,
Mais le Roy nous oblige à cette lacheté.

LE PRINCE.

Tu ne pouuois pas mieux, qu'auec les mesmes armes
N'y plustost reparer le tort fait à ses charmes,
Tu m'obliges autant que tu m'as offencé
Et tu releues mieux que tu n'as abbaissé.
Allons, ta complaisance à ton dessein me range
Et ma prison sera le fruit de ta louange.

LE COMTE.

Quel importun deuoir m'est enioint auiourd'huy!

LE PRINCE.

Va Comte, ie me rends, c'est assez, ie te suy.

LE COMTE.

Attendant vostre paix, ces Gardes que ie laisse,
En vostre appartement suiuront donc vostre Altesse.

LE PRINCE.

Allons.

Croyez Seigneur, que la bonté du Roy
Reuoquera bien tost, cette seuere loy.

SCENE II.

LAVRE, LYDIE.

LYDIE.

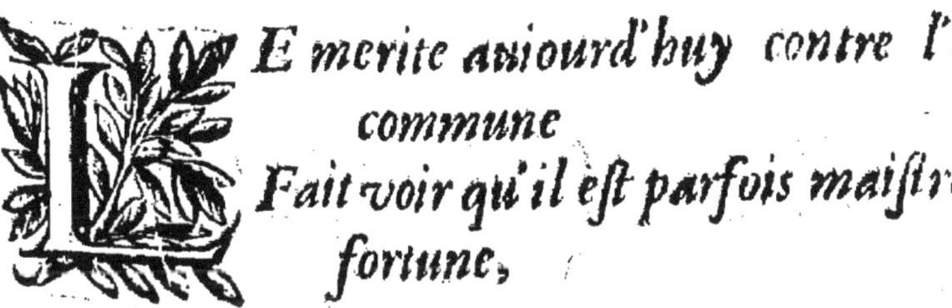

E merite auiourd'huy contre l'erreur commune
Fait voir qu'il est parfois maistre de la fortune,

Vous la voyez esclaue en ce Prince amoureux
Embrasser vos genoux, & vous offrir ses vœux.

LAVRE.

Quand elle se presente auecque tant de pompe
Ce n'est qu'vn faux esclat, qui brille mais qui trompe,
On à moins de creance à qui promet le plus
Et souuent tout offrir est vn adroit refus.
Voys tu pas à quel point le Roy nous persecutte,
Et qu'au ‑nt que ie monte il médite ma chûte,
Ayant à surmonter vn ennemy si fort,
Quel fruit dois-je esperer des carresses du sort?

LYDIE.

Le Prince forcera ce qui vous importune,
En possedant son cœur, vous tenez sa fortune,
Autant qu'il est aymable, autant il est constant,
Octaue, helas? pourquoy n'en puis-ie dire autant?

LAVRE.

L'Amour engendre en nous cette delicatesse,
Que ce que nous aymons, s'il ne nous rit, nous blesse.
Vn regard vn peu froid eschappé sans dessein,
Nous est vn trait mortel, qui nous perce le sein,
Mais croyez qu'au besoin vous verriez en Octaue,
Les ardeurs d'vn Amant, & les soings d'vn esclaue.

Dieux

Dieux ! de quelle vitesse, il porte icy ses pas !

SCENE III

OCTAVE, LAVRE, LYDIE.

OCTAVE.

HA ! faictes que le Roy ne vous rencontre pas,
Madame, ny le Ciel, ny la mort elle mesme
Refusant son secours à sa fureur extréme,
Ne pourroit s'opposer à ce forcenement
Ny prolonger vos iours d'vne heure seulement.
Pour vous dire en deux mots, quelle est vostre misere,
Le Prince est arresté, par l'ordre de son pere,
Et par cette ordre mesme on vous cherche partout;
On Court par le Palais, de l'vn à l'autre bout,
La porte en est fermee, & contre sa poursuitte
Ce seroit perdre temps que d'opposer la fuitte;
Cette recherche enfin ne tend qu'à vostre mort.

LAVRE.

Et bien, il faut mourir, si c'est l'Arrest du sort.
Nul n'euite la mort, plusieurs l'ont souhaittée,
Apres tout, c'est vn fruit de l'amour d'Orantée.

OCTAVE.

Vn seul remede s'offre assez heureusement.

LAVRE.

Quel?

OCTAVE.

De vous trauestir.

LAVRE.

Et de quel vestement?

OCTAVE.

D'vn des Pages du Prince, & sous cette équippage
Tenir lieu pres de luy, de Maitresse & de Page,
Celuy qui le portoit, est mort depuis trois iours,
Mais il se faut haster.

LAVRE.

Dieux, soyez mon recours!

SCENE IV.

LYDIE, seule.

DE quel ſoing il la ſert ? de quelle ardeur extreme
Laure, ie crains pour vous, mais bien plus pour moy meſme,
Le traiſtre à toutes deux vient d'anoncer la mort,
A moy par ſon ſilence, à vous par ſon rapport.
Mais peut-eſtre qu'à tort, interdite, & confuſe
Ie me trahis moy meſme, & moy meſme m'abuſe.
L'Ordre d'aſſiſter Laure, en ce beſoin preſſant
Rend ma plainte coupable, & ſon ſoin innocent.
Et ie me forge en l'air le ſoupçon qui m'afflige
Car de croire qu'il ayme, ou le Prince a deſſein
C'eſt vne folle crainte, indigne de mon ſein.
Mon amour toutefois encore en defiance
Ne peut laiſſer qu'au temps reſoudre ma creance,
Vn ver de ialouſie, vn importun penſer
Eſt bien prompt à venir, mais bien lent à chaſ-
ſer.

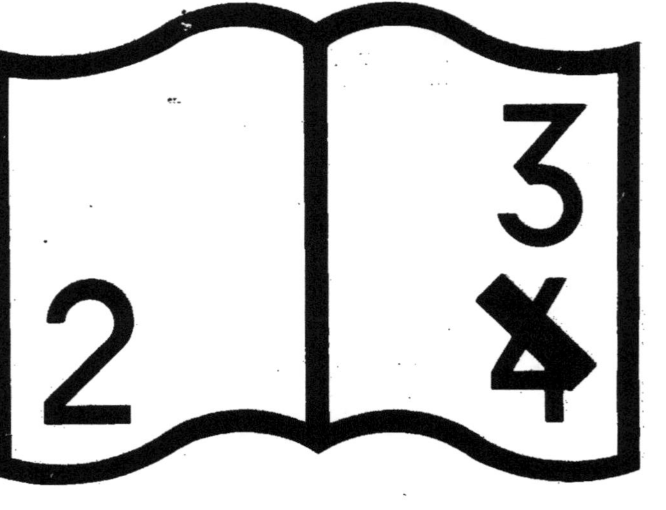

Pagination incorrecte — date incorrecte

NF Z 43-120-12

SCENE V.

LE ROY, LE COMTE, LE CAPITAINE des Gardes, LES GARDES.

LE ROY.

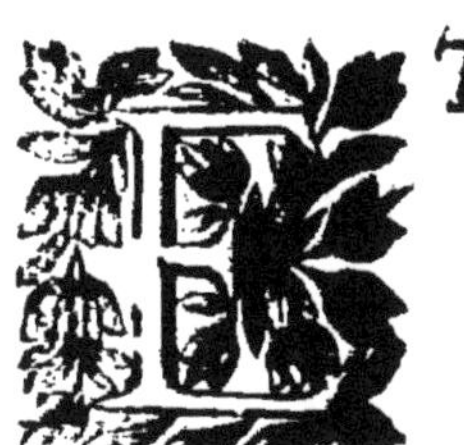

T bien s'est il rendu?

LE COMTE.

C'en est fait, Sire, au reste
D'vn esprit si tranquille, & d'vn œil si modeste,
Qu'auec plus de douceur, ny plus courtoisement,
Il n'eust pû receuoir, ny rendre vn compliment.

LE ROY.

Mais cette enchanteresse & trompeuse syreine,
Dessus ses volontez est tousiours souueraine?

LE COMTE.

Le temps.

LE ROY.

Comment le temps ? peut estre qu'à ce iour.
L'Infante de sa veuë honorera ma Cour,
Les lettres de mes Gens, l'Alliance concluë
Me font d'vn iour à l'autre attendre sa venuë,
Et voila qu'il me met par sa brutalité,
Au point d'apprehender ce que i'ay souhaitté?
Vne fille inconnuë, vn rebut de fortune,
Aux siens, à la Nature, à soy mesme importune,
Sans naissance, sans nom, sans pays, sans pouuoir,
Pauure, & qui pour tout bien, n'a pas mesme l'espoir,
Honteux spectacle au Ciel, vile charge à la terre,
Trauerse mes desseins, me declare la guerre,
Et se sert du pouuoir de quelque faux appas
Pour priuer de repos, mon fils, & mes Estats,
Preuoyants Medecins, en ce besoin extréme
Vsons contre vn grand mal, d'vn remede de mesme,
Et pour ne perir pas, habiles Matelots,
Iettons ce qui nous peze a la mercy des flots,
Seruons contre son gré, cet imprudent Vlisse,
Et faisons pour son bien que sa Circé perisse.

LE COMTE

La perte d'vn suiet d'angereux à l'Estat,
Auant toute autre soin importe au Potentat,
Tel membre retranché au corps d'vne Prouince
Est le salut du reste & le repos du Prince.

LE ROY.

Comte, ioignez vos pas, a nos ſoins diligens,
I'ay ſçeu qu'elle eſt icy, par quelqu'vn de mes gens,
Et bruſlant d'etouffer ce ſerpent domeſtique,
A ce honteux deuoir, moy meſme ie m'applique;
Entrés là, moy ie paſſe en cet appartement.

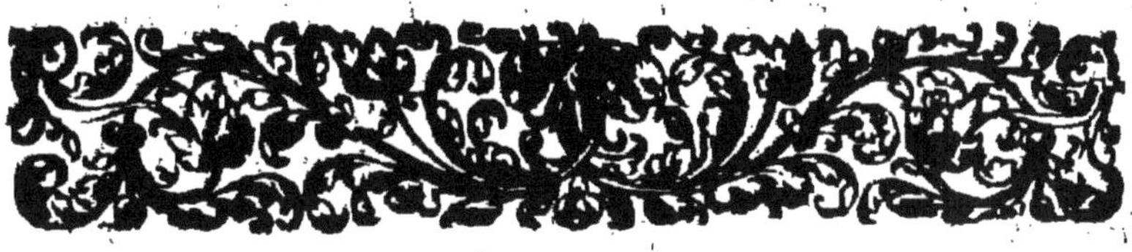

SCENE VI.

LAVRE, en Page.

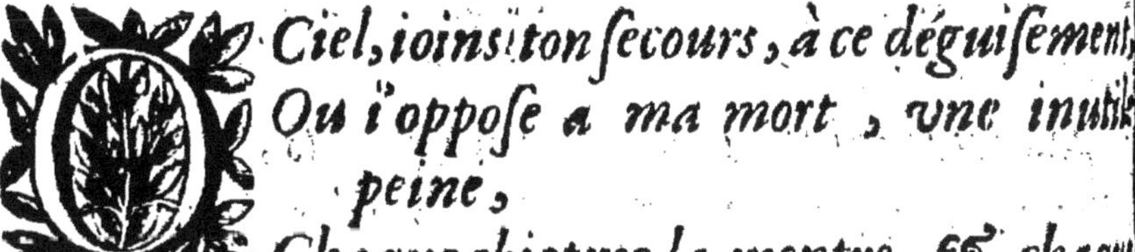

O Ciel, ioins ton ſecours, à ce déguiſement,
Ou i'oppoſe a ma mort, vne inutile peine,
Chaque obiet me la montre, & chaque pas m'y meine,
Que vois-ie malheureux, ou s'addreſſent mes pas,
Voicy dequy depend ma vie, ou mon treſpas,
Paſſons, & s'il ſe peut gardons qu'il ne nous voye.

SCENE VII.

LE ROY, LE COMTE, LES GARDES, LAVRE, OCTAVE,

LAVRE, *se cachant.*

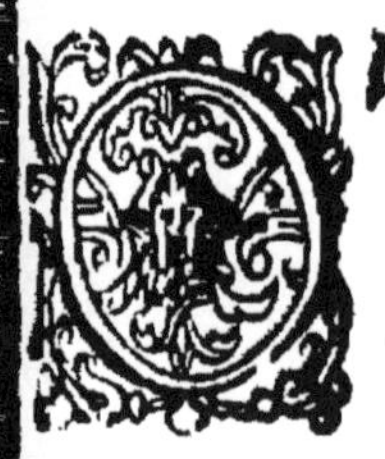

O*V fuirai-je ?*

LE COMTE.

Hola Page, arrestez, faite voye;

LE ROY.

Qu'est-ce ?

LE COMTE.

Vn Page du Prince.

LE ROY.

Approche Page.

LAVRE.

O Dieux !

Rien peut il que la mort, me tirer de ces lieux?

Nuages, couurez moy.

LE ROY.

Quelle est cette contrainte?
Parle, leue les yeux, & banny cette crainte,
Ne serts-tu pas le Prince?

LAVRE.

Ouy Sire.

LE ROY.

Sous quel nom?

LAVRE.

De Celio; ie tremble, arme toy, ma raison.

LE ROY.

Depuis quand?

LAVRE.

Ne voicy que la seconde Lune,
Depuis que ce bonheur, honore ma fortune,
Et ie vais, s'il plaist, Sire, à vostre Maiesté
Le treuuer ou i'ay sceu qu'on le tient arresté.

LE ROY.

Responds, auparauant, a ce que ie desire.

LAVRE.

Helas que respondrais-je? & que saurois-ie dire?
O terre ouure ton sein, Soleil retire toy,
Nuages, derechef, tombez, & couurez moy.

LE ROY.

Connois tu cette Laure en beauté sans seconde
Ce miracle ou l'on dit que tant de graces abonde,

LAVRE.

Ouy, ie la connois Sire, & n'y remarque point
De beauté, ny de grace, estimable à ce point,
I'estime sa vertu bien plus que son visage,
Et si ie l'oze dire, en effet, elle est sage.

LE ROY.

L'as tu veuë auiourd'huy?

LAVRE.

Non Sire mais ie croy.
Qu'encore ce matin.

LE ROY.

Comte, allons suiuez moy.
[illegible] proteste des Dieux la grandeur souueraine,

Qu'auant la nuit sa mort satisfera ma haine,

Ils passent.

LAVRE, seule.

Que puis-ie plus, chetiue, esperer de mon sort,
Apres la question, & l'arrest de ma mort,
Ciel temoing de ma peine & de mon innocence,
A l'iniustice humaine oppose ta puissance,
Les Roys, tout Dieux qu'il sont releuent d'autre
Dieux,
Ie recuse la terre, & i'en appelle au Cieux.

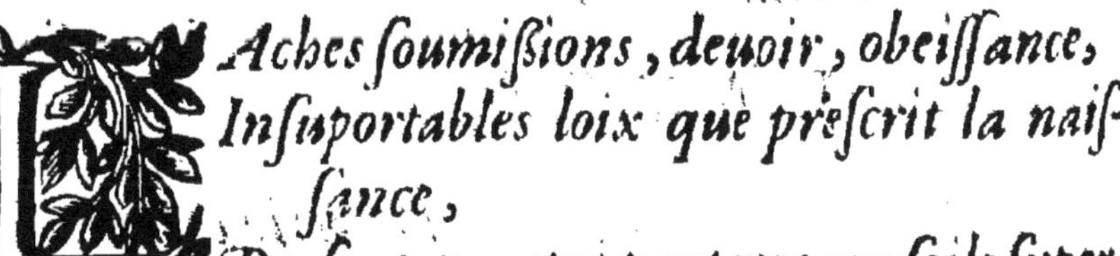

SCENE VIII.

ORANTEE.

LAches soumissions, deuoir, obeissance,
Insuportables loix que prescrit la naissance,
Presentez autre part vos conseils superflus,
Iniurieux respects ie ne vous connois plus,
Vos innutils soins irritent sa collere,
Plus ie parois son fils, moins il paroist mon pere.

Captif dans la prison, on me meurtrit dehors,
Pour assaßiner Laure on enferme le corps
Cruel, que Laure meure, & qu'auec la iournée
De ce soleil d'amour la course soit bornée,
Ton pouuoir est trop foible, ou l'heure de ma mort,
Deuoit de ton dessein preceder le rapport,
Tu n'as si forte tour ny garde si fidelle,
Que ie n'eusse forcee apres cette nouuelle,
Et les Dieux soient benis de n'auoir pas souffert
Qu'à ma iuste furie aucun se soit offert,
I'ay non, sans grand suiet, craint en cette auanture.
Vn aueugle attentat d'amour sur la nature,
Et ie n'oze asseurer qu'en cette extremité,
Serf de ma paßion, i'eusse rien respecté,
Oste à mon desespoir ces funestes matieres,
Pere ingrat, & rend Laure à mes iustes prieres,
Retien toy, tes honneurs, ta Couronne & ton rang,
Et si tu veux encor reprend iusqu'à ton sang,
Mais ne m'oste pas Laure, ou me l'ayant rauie
Donne ordre & promptement, qu'on m'oste außi la vie,
Autrement; Hola Page, icy, que fait le Roy,

SCENE IX.

ORANTEE, LAVRE,

LAVRE.

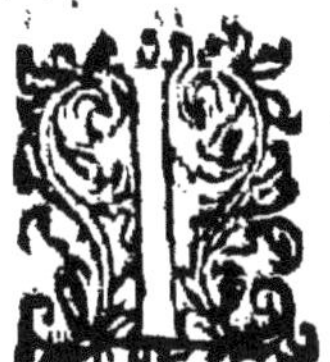

L ne me connoiſt pas.

ORANTEE.

Cherchons Laure, ſuy moy,
Seul promais moy ta foy, quand chacun m'abandonne
Seul ioint ton ſang au mien, ſi le beſoin l'ordonne
Mourons auecque Laure allons ne craignons rien,
Mais vendons cherement noſtre ſang & le ſien.

LAVRE.

Ouy Seigneurie ſuiuray voſtre loüable enuie,
Laure ne moura point qu'on ne m'oſte la vie;
Ie ſçay que la perdant auſſi toſt ie vous perds,
Pour vous auſſi ie l'aime, & pour vous ie la ſerts.

ORANTEE.

Mes yeux m'abusez vous ? Que vois-je approche
Page,
Qui de ma Laure ô Dieux ta donné le visage,
Est-ce vous ma Princesse, ô sort que tu m'est doux.

LAVRE.

Quoy, Seigneur, au besoin me mesconnoissez vous.

ORANTEE

A peine puis je encore d'esabuser ma veuë,
Et vous mesme au miroir par vous mesme deceuë,
Ne vous connoistriez pas sous ce faut vestement,
Qui vous à conseillé, ce trauertissement.

LAVRE.

Vostre fidelle Octaue, & sans son assistance
I'opposois à ma perte, vne vaine deffence,
Cet habit ma soustraite à la fureur du Roy,
De ce pas à moy mesme, il s'est enquis de moy.
Et ie voy bien qu'il faut qu'vne mesme iournee
Eclaire pour ma perte, & pour vostre hymenée,
Vienne donc le parti qui vous est destiné
Et que ce triste accord de mon sang soit signé.

Chaque iour de Pologne on attend sa venuë
Ne luy preferez pas vne fille inconnue,
Estrangere sans biens, & dont l'extraction
Auec vostre naissance est sans proportion,
Ouy, Seigneur, espousez quelque ardeur qui vous presse,
L'interest de l'Estat bien plus qu'vne maistresse,
Le peuple est en ce point plus heureux que les Roys,
Qui n'ont pas comme luy la liberté du choix,
Qu'attachez par leur rãg au bien de leurs Prouinces,
Ils espousent en serfs, & leurs suiets en Princes.

ORANTEE.

Ha Madame! la peur altere vostre foy,
Qui iuge mal d'autruy, fait mal iuger de soy,
Moy, que ie vous perdisse, & qu'apres cette perte,
On voulut qu'en mon lit, vne autre fut souferte,
O l'effroyable monstre, & l'horrible serpent,
Que ie croirois sentir, en ma couche rampant,
Du penser seulement, son regard m'empoisonne,
Ie tremble & ie fremis de l'horreur qu'il me donne
Non, non, le Roy ne peut auec tout son courroux
Faire que ie ne viue, ou meure auecque vous,
Ouy, Laure nos destins auront mesme aduanture,
Nous aurons mesme trosne, ou mesme sepulture,

LAVRE.

lais L'Infante.

ORANTEE.

Vn des miens luy porte de ma part,
n asseuré moyen d'empescher son depart,
luy mande en deux mots, que ma foy s'est donnée
uant qu'on proposat ce second Hymenee,
t que mon pere à tort, m'a si tard declaré,
e glorieux dessein qui m'eust trop honoré
s termes à peu pres, sont le sens du message,
ui ne sçauroit faillir d'arrester son voyage.

LAVRE.

lais que ie crains, mon Prince, auec iuste raison,
u'ayant comme ie croy forcé vostre prison
a cholere du Roy contre vous ne s'aigrisse.

ORANTEE

ue n'aurois-ie franchy, quel fort, quel precipice.
our combatre sa rage: & pour vous conseruer,
y hasardé ma vie, afin de la sauuer,
lais voicy, qui des deux mon tyran, ou mon pere.

LAVRE.

grace flechissez vous vaincrez sa cholere.

SCENE X.

LE ROY, LE COMTE, LES GARDES, ORANIEE, LAVRE,

LE ROY.

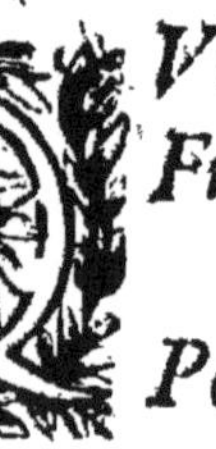

Voy Comte ce rebelle à forcé sa prison
Fureur, non plus fureur, mais iustice & raison,
Pouuez vous chastier d'vn supplice assez rude,
Sa desobeissance, & son ingratitude,
Soldats soyez tesmoins du serment que ie fais,
Et me le reprochez si ie le romps iamais,
Par ce front couronné, cette teste sacrée,
De mes ennemis mesme, & crainte & reuerée,
Et par cette inuincible, & vengeresse main,
Qui tient de cet Estat la balance & le frein,
Ie iure & plaise aux Dieux que la raison en cesse,
Que s'il aigrit d'vn mot la fureur qui me presse,
Que si mutin qu'il est, il montre seulement
La moindre repugnance à mon commandement,

La peine qu'il merite, & que ie luy prepare
Laissera de ma haine, vn exemple si rare,
Aux peres comme moy, bons, & comblez d'ennuy,
Aux fils contredisans, & mutins comme luy,
Que tout l'angage humain, tout aage, & toute histoire
En gardera l'horreur auecque la memoire;
Sans rendre ny raison, ny conte de mes vœux
Ie veux, ce que ie veux, parce que ie le veux.

LAVRE.

Retirez vous, ie tremble, & tout mon sang se glace.

ORANTEE. à genoux.

De vos beautez, Monsieur, i'espere plus de grace,
La nature, & le sang vous parleront pour moy,
Contre cette peu iuste, & trop seuere loy.

LE ROY.

Te voila malheureux? auec quelle impudence
Ozes tu maintenant parroistre en ma presence?

ORANTEE. se releuant.

Pour me iustifier i'attens que le courroux
Ce mauuais Conseiller, s'esloigne vn peu de vous.

Et i'appelle, Monsieur, de vous mesme en colere
A vous mesme, mon Prince, & mon Iuge & mon Pere,
Qui conseruez la forme en rendant l'equité
Et ne condamnez point sans auoir écouté.
L'Arrest de ma prison rendu sans cette forme,
Qu'on ne refuze pas, au fait le plus enorme,
Peut-estre transgressé, comme vne iniuste loy
Qui ne vient d'vn parent, d'vn Iuge, ny d'vn Roy.

LE ROY.

Et qu'allegueroís-tu, qui purgeast t'on offense!

ORANTEE.

Encore vn Criminel produit-il sa deffense.

LE ROY.

Auec quel argument destruis-tu mon pouuoir?
Quelle loy t'affranchit, de celle du deuoir,
Inuiolable & saincte, autant que naturelle?

ORANTEE.

Celle de la raison, encor plus forte quelle.

LE ROY.

La Loy de la raison, ne te permet donc pas
Vn Hymen, qui regarde & nous & nos Estats.

ORANTEE

Tant s'en faut.

LE ROY.

Toutefois, à ce ioug indomptable.
Quand on te le propose auec party sortable,
Tu poursuis lachement, vn Hymen inegal,
Aux tiens, à ton Estat, à ton honneur fatal,
Honteusement espris, des impudiques flames
De la plus vitieuse, & plus vile des femmes.

LAVRE.

Voila mes qualitez.

ORANTEE.

Monsieur, s'il m'est permis
Ie feray quelque iour mentir mes ennemis,
Si i'obtiens ce bonheur, vous verrez vn visage
Qui ne ressemble point à cette fausse image;
Par luy ie conuaincray vostre credulité
De trop de confiance, & de facilité
Laure, est l'acheuement de toute les merueilles
Sa grace est sans deffaux, ses vertus sans pareilles,
Le Dieu, qui se deuore, & qui se reproduit,
Qui se cherche soy mesme, & soy mesme se fuit,
N'a veu, voit, ny verra, dans toute la nature
Vne merueille passée, ou presente, ou future,

Riche du moindre esclat, ny des moindres tresors
Qui parent son esprit, & son ame & son corps.

LE ROY.

Dieux! auec quelle honte, & quelle patience
De ton mauuais esprit, fais-je l'experience?
Fol, stupide, insensé, si l'vsage, & le temps
Ne t'ont encor pourueu de raison, ny de sens,
Laisse toy gouuerner, par ceux dont la sagesse
Auecque tant de soin, pour ton bien s'interesse,
Ou si dans cette ieune & bouillante saison
Tu n'es absolument depourueu de raison,
Soumets ton sens au mien, & d'efere à qui t'aime
Auant que te sentant, tu t'aimasses toy mesme.
Ta paßion est iuste, & ta Laure, dis tu
Est la sagesse mesme, & la mesme vertu?
Quel aueugle respect, quelle bonté m'arreste
Que ma main de ton corps ne separe ta teste,
Ou le raisonnement, du bon sens separé
Ne produit rien de meur, & rien que d'égaré.

LE COMTE.

Remettez vous, Seigneur, & qu'en vous la pru[illegible]
Banisse la fureur, d'auecque la puissance:
Regner & s'emporter sont un mauuais [illegible]
L'vn est d'vn foible esprit, l'autre d'vn [illegible]

L'vn rend serf de soy mesme, à l'autre on rend hommage,
L'vn est vne puissance, & l'autre est vn seruage,

ORANTEE.

Ce corps qui vient de vous est vostre absolument
L'esprit qui vient du Ciel, est à luy seulement,
Disposez donc du corps, traitez le comme vostre,
Mais permetez au Ciel, de disposer de l'autre.

LE ROY.

O belle, consequence! O fol resonnement!
Le Ciel est donc autheur de ton aueuglement,
Sa Prouidence donc te destine vne femme
Perduë, abandonnee, entre toutes infame,
Qui de mille assouuit les desirs dissolus
Et capable de tout, si ce n'est d'vn refus?
Au reste, à ce qu'on dit, bien moins belle que vaine,
Et qu'vn œil delicat ne souffriroit qu'à peine;
C'est la ce digne obiet, & ce choix precieux
Qui a l'honneur de ta couche, ont destiné les Cieux!

ORANTEE.

Quiconque vous ait fait cette fausse peinture
Si i'en apprends le nom, il mourra ie le iure;

Pour vous laisser la vie en ce iuste courroux,
Il ne me faut pas moins que la tenir de vous,
Mais qu'à iamais les Dieux en prolongent la course,
Mon sang me vient du vostre, il reuere sa sourse,
Laure au reste, est honneste, & i'ateste les Dieux
Que ma mere elle mesme, ouy, ne vesquit pas mieux,
Et touchant les deffaux qu'on peint en son visage,
Si quelqu'vn qui l'ait veuë à tenu ce langage,
Et s'il ne vous flattoit, ie suis vn imposteur
Faites couper vn iour la langue du menteur.
Non, Seigneur, il n'est rien que Laure ne surpasse,
Aupres de ce quelle est, toute grandeur est basse,
Pour venir iusqu'à moy, croyez quelle descend
Et ne peut espouser vn Roy, qu'en s'abaissant.

LE ROY.

Lasche sang de mon sang, auec quelque iustice
Que mon ressentiment panche vers ton supplice,
Ie veux à ta folie, & non à ton dessein
Rapporter ces effets, d'vn iugement malsain,
Et ie m'offre de faire en presence du Comte
Vn accord auec toy, dont tu mourras de honte;
Mets, cet infame obiet de ton lasche desir
En l'endroit le plus seur, que tu puisses choisir,
Et si ie puis prouuer à ton impertinence
Et sa meschante vie, & son incontinence,

Defere à mon vouloir, qui respire ton bien,
Comme ne le pouuant, ie me soumets au tien.

ORANTEE.

Une fidelle preuue, & que i'en aurois euë
Ou par ma propre oreille, ou par ma propre veuë,
Me la feroit hayr, à l'egal de la mort.

LAVRE. bas.

N'en crains rien.

ORANTEE

Ouy, Seigneur, i'accepte cet accord,
Par les sacrez respects, ou le sang me conuie
Et par, ce que m'est cher, le bien de vostre vie.

LE ROY, s'en allant.

Que cette affaire donc, reste aux termes quelle est.

ORANTEE.

Detrompé, ie me range au party qui vous plaist.

SCENE XI.

LAVRE, ORANTEE,

LAVRE.

Ous plaignez bien la foy que vous au[...]
donnee
A cette vitieuse, à cette abandonnée.

ORANTEE.

Tant qu'au moindre soupçon qu'on t'en verroit fo[...]
mer,
Ie mourrois à tes pieds pour te la confirmer.

LAVRE.

Quoy? pour vne effroyable, & si digne de haine?

ORANTEE.

La frayeur que tu fais, est vne douce peine.

LAVRE.

Si laide, puis-ie bien vous causer tant d'ardeur.

ORAN

ORANTEE.

Tu feras bien du mal, auec cette laideur.

LAVRE.

De l'horreur?

ORANTEE.

De L'amour.

LAVRE,

De la peur?

ORANTEE.

De l'enuie.

LAVRE, l'embrassant.

Mon Prince! mon espoir!

ORANTEE,

Ma Princesse ma vie!
En fin vous confondrez, beaux yeux, beaux enchanteurs,
Vos persecutions, & vos persecuteurs,
Et bien tost vos rayons dissipans tous nuages,
En de facheux esprits ne verront plus d'ombrages,
Mais, ma chere Princesse, attendant ce beau iour,
Seconde vn ioly trait, que m'inspire l'amour.

LAVRE.

Quel ? dittes seulement.

ORANTEE.

D'aller au Roy toy mesme,
Prouuer en tes habits que ta grace est extréme
Ie veux qu'il rende hommage à des charmes si doux

LAVRE.

En mes habits ? mon Prince, à quoy m'obliges vous

ORANTEE.

A rien, certaine fourbe, à ce suiet, conceuë,
Ne m'en fait esperer, qu'vne agreable issuë,
Vien, ie te la diray.

LAVRE.

Si vous le souhaittez,
I'y cherche, vos plaisirs, & non mes seuretez.

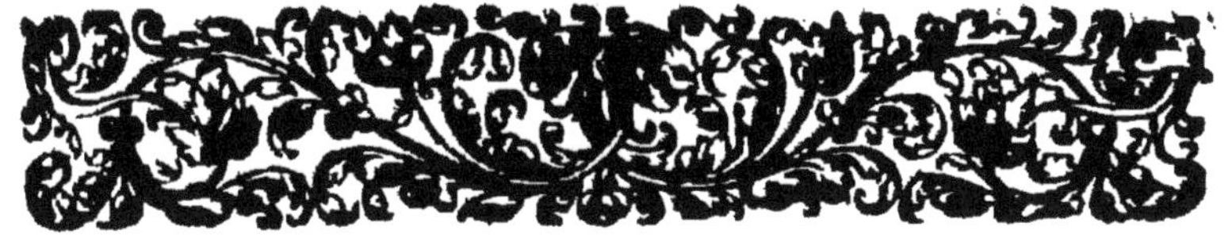

ACTE II.

SCENE PREMIERE.

OCTAVE, seul.

IE reconnois, Amour, ton pouuoir immortel,
Mon ame t'est vn Temple, & mon cœur vn autel,
ais n'en exige point ce honteux sacrifice,
y plustost que l'autel, & le temple perisse.
oy Dieux! que i'ayme Laure, Insolent Ixion
uel dessein, & quel vol, prendroit ta passion?
ue ie perde sans fruict, par cette perfidie
mitié de mon Prince, & l'amour de Lydie?
tile, importun, & coupable penser
quel trouble d'esprit, me viens-tu trauerser?
gne trop sensible, & preuue trop certaine
pouuoir de l'Amour, sur la foiblesse Humaine!

Vn homme, peut commettre en la garde d'autruy
Son honneur, ses tresors, son plaisir, son ennuy,
Et ne rien reseruer des secrets de son ame,
Et celuy seul est fol, qui confie vne femme,
C'est-là qu'il est fatal, d'esprouuer ses amis
Et qu'on a hasardé ce qu'on leur a commis.
C'est-là, que pour soy-mesme, on n'est pas trop fidelle,
Et c'est de ce seul bien, que l'auarice est belle.

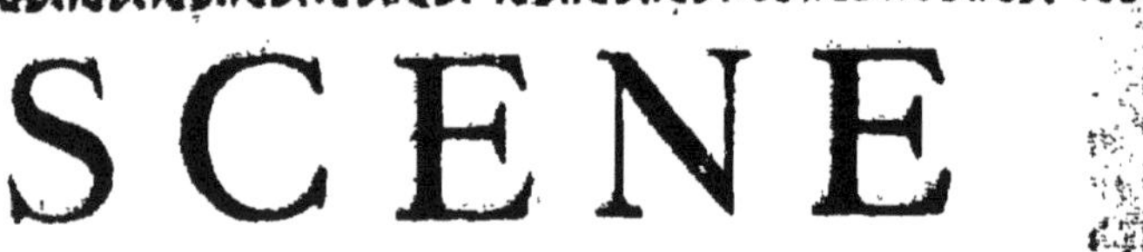

SCENE II

LE ROY. OCTAVE

LE ROY.

Ernier, & seul moyen d'où depend m[on] repos,
Octaue, qu'en ce lieu ie te trouu[e à] propos.

OCTAVE.

Sire, aurois-ie du sort, receu ce bon office,
Que ie peusse esperer de vous rendre seruice?

De moy, Sire, de moy, depend vostre repos?

LE ROY.

Ouy, de toy, si tu veux, mais écoute en deux mots.
Quoy que l'astre du iour, prest à sortir de l'onde,
Semble plus souhaitable aux yeux de tout le monde,
Qu'alors que vers la mer, precipitant son cours,
Auecque sa carriere, il acheue les iours;
Du premier toutesfois, on n'a que l'esperance,
Et de l'autre les yeux possedent la presence,
Le bien present, est seur, les futurs sont trompeurs,
Vn changement de temps, vn amas de vapeurs,
Vn vent, vne tempeste, en vn moment émeuë,
Aux yeux, qui l'attendoient peut d'erober sa veuë:
T'expliquer maintenant cette comparaison,
(Connoissant ton esprit) seroit hors de saison.

OCTAVE.

Le Prince, seroit il ce Soleil qui se leue?
Et vous, Sire, celuy dons la course s'acheue?
Vous, dont les iours à peine, ont atteint leur midy,
Dont l'age le plus beau, n'est pas encorourdy.

LE ROY.

Ayant compris mon sens, responds à mon attente,
Prefere, au bien furur, la fortune presente,

L'incertaine faueur, d'vn fils qui doit regner,
Contre vn pere regnant, ne te doit pas gagner;
Outre qu'vn iour, guery de son ieune caprice,
Il voudra mal, peut-estre, à qui luy rend seruice.

OCTAVE.

Sans egard du futur, ie dois tout à mon Roy,
I'honore la Couronne, au front, ou ie la voy.
Le sort me donne au fils, mais le deuoir au pere,
Chez vous, ie suis suiet, & chez luy volontaire,
Ouy, Sire, asseurez vous de ma fidelité,
En quoy qui soit vtile, à vostre Maiesté,
Car de m'imaginer, nul dessein sur sa vie.

LE ROY.

Há tu verrois ma mort, preceder cette enuie,
Ouy, tout autheur qu'il est de mon cruel ennuy,
I'entends encor mon sang qui me parle de luy,
Il rend, & ma menace, & ma cholere vaines,
Et ie le verserois pour en remplir ses veines,
De cette affection, n'aist l'vtile dessein,
Que si confidemment ie repands en ton sein.
Mais, tout ce long discours, dont ie te solicite,
A ton obeissance, oste de son merite,
Tu sçais, ouy, tu le sçais, (& toy seul de ma Cour
As veu naistre, & durer cette funeste Amour)

Pour quel indigne obiet ce lasche cœur soupire,
Et de quelle puissance il reuere l'Empire,
D'vne fille inconnuë, & de qui les parens
N'ont possede chez moy, ni dignité, ny rangs,
Estrangere, sans biens, & sans autre aduantage
Que de quelques attraits qu'il treuue en son visage.
D'ailleurs, tu sçais l'acord en Pologne arresté,
Dont mon Ambassadeur par mon ordre à traité,
Que la Princesse vient, & que cette alliance
De toute la Hongrie est l'heur & l'esperance,
Si bien que si dans peu leur commerce ne rompt,
I'attends, en l'attendant, vn éternel affront.

OCTAVE.

Sire, ie connois trop, quel transport le domine,
Et de quelle furie il court à sa ruire,
Mais i'ay beau luy blasmer cet amour inegal,
Pour souffrir le remede il ayme trop son mal.

LE ROY.

M'obstinant ce matin, contre son sentiment,
Et blasmant sa folie, & son aueuglement,
Autant qu'il l'estimoit, ie l'ay depeinte infame,
I'ay couuert sa vertu, de reproche & de blasme,
Et i'ay promis de faire à ses yeux aueuglez
Voir ses debordemens, honteux, & dereiglez.

Sa guerison depend de cette connoissance,
Mais cette preuue, Octaue, excede ma puissanc[e]
Car, Laure, à ce qu'on dit, à trop d'honnesteté,
Et passe tout son sexe, en cette qualite,
C'est donc, en ce besoin qu'il faut que l'art agisse,
Et ie n'en attends rien, si tu n'en és l'Vlisse,
Auecque cet accez, qui t'est libre aupres deux,
Et ton esprit adroit, tu peux tout, si tu veux.
C'est icy, que l'honneur est conioint à la ruze,
Vn malade obstiné, meurt si l'on ne l'abuse.
Les remedes qu'on craint, plaisent apres l'effect,
Et quelquefois il faut, cacher mesme, vn bienfai[t]
Prouue moy donc ton zele, en ce besoing extrem[e]
Serts ton maistre, ton Roy, ton pays, & toy mes[me]
Et guerissant vn fol, à sa perte obstiné,
Rends toy digne du rang que ie t'ay destiné.

OCTAVE.

Il n'est point de secret que le zele n'inspire,
Pour l'honneur de son Prince, & le bien de l'Emp[ire]
Et touchant ce dessein i'ose engager ma foy
Inuiolable gage entre les mains d'vn Roy,
Si d'vn peu de bon heur le sort me fauorise,
De conduire a l'effet cette iuste entrprise.
Esperer de luy plaire, & presumer encor,
Que cette Danaë se rende à des flots d'or.

C'est vouloir au Soleil oster de sa lumiere
Et cercher le matin au bout de sa carriere,
Il faut donc employer en cette occasion
Au deffaut de l'effet, l'art & l'illusion,
Et comme vn enchanteur, par d'inconnus misteres
Pour veritables corps, fait passer des chymeres,
Faire au Prince abuzé d'etester ses apas
Luy faisant croire, & voir ce qui ne sera pas.

LE ROY.

Mais, auec quoy, payer cette faueur extréme?

OCTAVE.

Vous la payerez, Sire, auecque Laure mesme;
C'est le prix que ie veux de ma fidelité,
Si ie rends ce seruice à vostre Maiesté.

LE ROY.

Vy, donc, derobe Laure, & Laure sera tienne;
En l'ostant à mon fils fais quelle t'appartienne,
Combats pour conquerir cette riche toison.

OCTAVE.

Le zele qui m'anime en sera le Iason.

SCENE III.

LE ROY, seul.

Voila de ces flateurs, dont vne Cour abonde,
Que l'interest gouuerne, au gré de tout le monde,
Ennemis du repos, amis du changement
Lâches, & resolus à tous euenemens,
Telles gens toutefois approchent les Couronnes
On se sert de leur vice, & on hait leurs personnes.

SCENE IV.

LE COMTE, LE ROY.

LE COMTE.

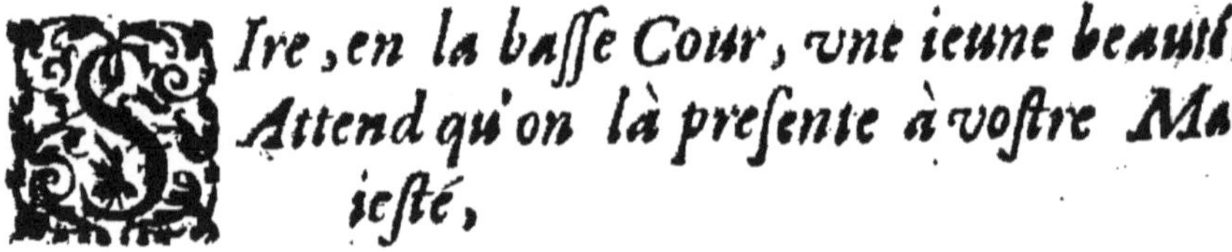

Sire, en la basse Cour, vne ieune beauté,
Attend qu'on là presente à vostre Majesté,

LE ROY.

Vne ieune beauté?

LE COMTE.

Plustost la beauté mesme
Que le plus continent ne peut voir qu'il ne l'ayme,
Iamais rien de pareil ne parut en ces lieux,
Pour la peine des cœurs, & le plaisir des yeux.

LE ROY.

Quelle entre, voyons la; Si c'est quelque Deesse
Prions la d'vn miracle au besoin qui nous presse
Prions la de confondre, & Laure & ses desseins
Et de rendre à mon fils des sentimens plus sains.

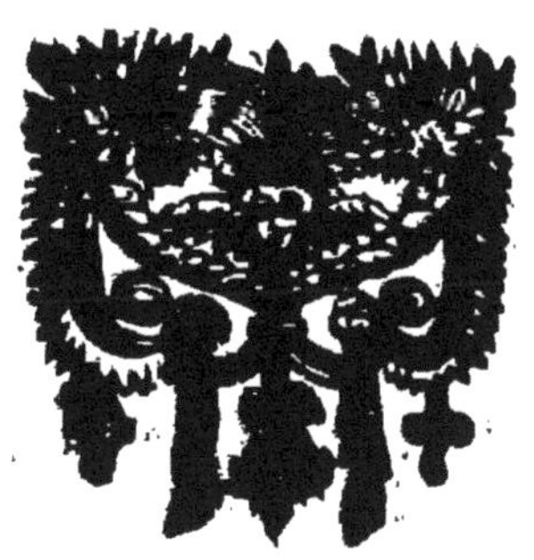

SCENE V.

LE ROY, LE COMTE, LAVRE.

LAVRE, aux pieds du Roy.

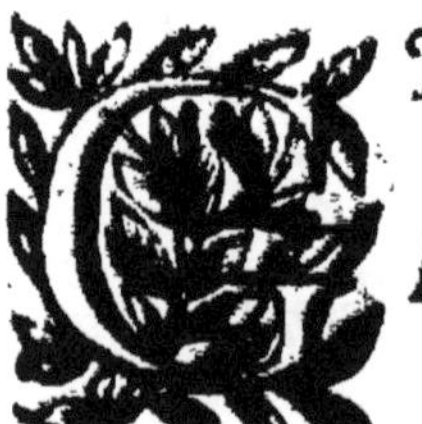

Rand Roy, dont la iustice egalle à la puissance
Extermine le vice & soutient, l'innocence,
De tous les gens de bien l'espoir, & le recours,
Mon honneur offencé vous demande secours.

LE ROY.

Ha Comte, de quels traits de lumiere & de flame
Ie sens percer mon cœur l'acheuez donc Madame.

LAVRE.

Mon nom est Eliante, & mon pere autrefois
Receut en vostre Cour d'honorables employts,
Son nom malgré sa mort, viura dans vos Histoires

Il vous a de son sang achepté des victoires
Ce fut Theodamas.

LE ROY.

I'ay Connu sa valeur,
Sa perte auecques vous m'est vn commun malheur,
Et l'allois a sa gloire esgaler sa fortune
Quand il paya sa vie à cette loy commune.

LAVRE.

Ie vis donc auec luy mon espoir abbatu
I'heritay pour tout bien de sa seule vertu,
Mais le sort m'enuiant encor cette richesse
M'a d'vn puissant Tarquin fait la foible Lucrece,
Vn iour dedans vn Temple ou ie priois les Dieux
Vn ieune Caualier porta sur moy les yeux,
Ce ne fut point au Bal, ny sur vne fenestre
Qu'il pût m'entretenir, ou qu'il me vit parestre,
Ce sont autant d'appas qu'on tend aux libertez
Et que i'ay tousiours fuis, & tousiours euitez,
Il me veit donc au Temple, & la ces foibles charmes
Dont les tristes effets me coustent tant de l'armes
Sans qu'ils en deffendist par le respect des lieux
M'acquirent les deuoirs qu'il venoit rendre aux Dieux,
Il s'enquiert de mon nom, me suit, me rend visite
Brusle, promet, l'anguit, m'escrit me solicite,

Et ne fait rien en fin auec tous ces efforts
Qu'acroiſtre & qu'irriter d'innutiles tranſports:
Mais comme aſſez ſouuent nous paſſiõs ſur ces riue
Vne autre fille & moy quelques heures oyſiues,
I'auiſe en vn moment l'apareil de ma perte
Vne ſuperbe Nef de cent drapeaux couuerte;
Ou trop artiſtement on auoit peint pour moy
Sur des Croiſſants d'Argent la terreur & l'effroy,
Le Chef de ce Vaiſſeau, le Turban ſur la teſte,
S'approche, fait du noſtre vne prompte conqueſte,
Puis s'enfuit glorieux de Butin qu'il à faict,
Quand moy qui le croyois eſtre Turc en effect,
Ie hauſſe enfin les yeux, l'auiſe le contemple
Et voy que c'eſt celuy qui m'auoit veuë au Temple,
Qui traiſtre me rauit ſur vn traiſtre Element
Et que ma perte oblige à ce deguiſement.
Le Rauiſſeur, enfin vſe de l'aduantage
Dans vn calme profond mon honneur fait naufrage
De ce mortel affront rien ne me put ſauuer
Et la mer n'a pas d'eaux aſſez pour m'en l'auer.
Vengeur de l'innocence, & deſtructeur du vice
Grand Prince, mon honneur vous demande iuſtice,
Par les triſtes ruiſſeaux des pleurs que i'ay verſez,
Et par ces ſaincts genoux que ie tiens embraſſez.

LE ROY.

ar les iours de mon fils, par cette chere vie,
our qui ie souffrirois quelle me fut rauie,
ar le bandeau Royal qui doit couurir son front
e sang du rauisseur lauera vostre affront,
ynsi puisse perir cette Laure importune
ont les pretentions vont iusqu'à sa fortune,
ui nous remplit de trouble & de confusion
t qui seme entre nous cette diuision.
ommez le seulement.

LAVRE.

Sire, il n'est necessaire
y de sçauoir son nom, ny d'emouuoir l'affaire,
mmettez seulement quelqu'vn à cet employ
ie metray la chose aux termes que ie doy.

LE ROY.

y, Comte, à vostre soin i'en commets la poursuitte.
uez en tout son ordre, & par tout sa conduitte.

LE COMTE.

xecuteray Sire, auec fidelité
charge que i'en ay de vostre Maiesté.

LE ROY, à l'oreille du Comte.

Approche, escoute vn mot, puis-ie auecque iustice
Punir vn Criminel dont ie deuiens complice,
Moy qui sens que mon cœur incline à son forfait
Qui commets de desir ce qu'il commît d'effect.
Ha Comte le beau crime, auec quel artifice
Ne voudrois-ie en pouuoir meriter le suplice?
De quels puissans efforts mon cœur est combatu!
O merueilleux tresor de grace & de vertu,
Que ta conqueste est riche, & que la violence
Dont on peut t'acquerir est vne belle offense,
Que te saurois-ie Comte offrir de precieux,
Partage auecque moy l'Empire de ces lieux,
Diuisons entre nous, mes biens & ma puissance
Et de cette beauté m'aquiers la iouissance.

LE COMTE.

Dieux! quel est son pouuoir, Que vostre Maiesté
Et soit sitost reduite, à cette extremité?

LE ROY.

Mais quel est son visage, ou presque l'abondance
Des charmes qu'on y treuue en destruit la creance,
Croys-tu qu'il soit poßible aupres de tant d'appas
De viure, de les voir, & ne les aymer pas,

Vo

V'a Comte, parle luy, soulage mon martyre
M'aquerant ses faueurs, tu t'aquiers vn Empire,
Conduit ma paßion au but que ie pretens
I'entre en mon Cabinet pour t'en donner le temps.

SCENE VI.

LE COMTE, L AVRE.

LE COMTE.

QVelque difficulté, qu'a l'abord elle fasse,
La breche desia faite, asseure de la place.
adame ces beaux yeux, ces clairs flambeaux d'amour
lus dignes de donner que d'emprunter le iour,
ut baignez qu'ils estoient de cette eau qui les laue,
sont d'vn seul regard fait vn illustre Esclaue,
n Roy qui vous adore, & dont la paßion
yeroit de son sang vostre possesßion.
s faueurs qu'on luy fait son rang oste le crime
mais auec son Prince on ne perd son estime,
issez vous enchaisner à des liens dorez
prometez le calme à ses sens esgarez,

Comme luy de sa part apres cette allegeance
Promet à vostre honneur une prompte vengean[ce]

LAVRE.

N'accusons plus le sort, il a trop fait pour moy
Apres tant de malheurs si ie plais à mon Roy,
La perte de l'honneur à son suiet soufferte
Est à la plus honneste une honnorable perte,
Allez asseurez-le que sur ce peu d'appas
Il est plus absolu que dessus ses Estats.

LE COMTE.

Voilà sans trop attendre, accorder ma requeste
Et s'emporte à bon prix une riche conqueste,
Madame asseurez-vous que ce consente[illegible]
Est à vostre fortune un heureux fondement,
Mais où promettez vous du secours à sa peine.

LAVRE.

Chez moy d'où i'[illegible] quelqu'un qui [illegible]
meine.

LE COMTE.

Et quand?

LAVRE.

Des ce soir [illegible]
Un des miens de ce pas vous viendra [illegible]
elle s'en va.

SCENE VII.

LE ROY, LE COMTE,

LE ROY.

COmte, Et bien.

LE COMTE.

C'en est fait, la place c'est renduë.
Et contre cet assaut s'est fort peu deffenduë,
Que vostre espargne Sire, est un fort Arsenal,
Et que l'or est un charme à la vertu fatal.

LE ROY.

Je me laisserois vaincre à l'ardeur d'Orantée.
Si par d'aussi beaux yeux elle estoit excitee
Et quiconque est esclaue en si belle prison,
Accorde la foiblesse auecque la raison;
Mais encor qu'elle est l'heure & la place assignée.

LE COMTE.

Chez elle pour ce soir la parole est donnée.

LE ROY.

Et sçais tu sa maison?

LE COMTE.

Laissez m'en le soucy,
Dans vn moment au moins vn des siens vient icy.

LE ROY.

O Dieux, il me falloit pour moderer ma ioye
Rencontrer ce mutin, Quel malheur me l'enuoye.

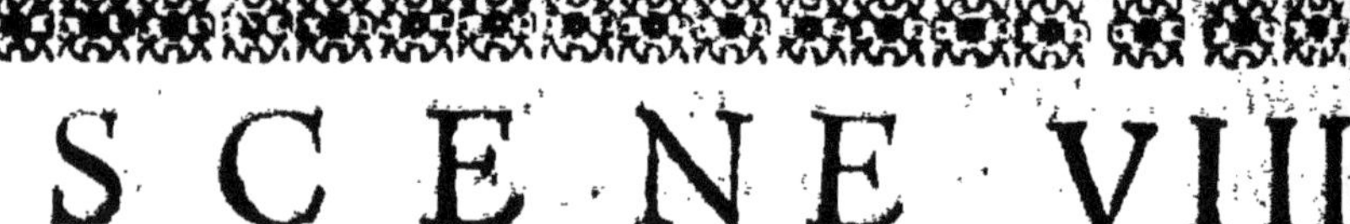

SCENE VIII

LE ROY, LE COMTE, LE PRINCE ORANTEE.

ORANTEE.

VNe Dame, Seigneur, au sortir du Palais
D'vne extréme beauté si'en connus iamais
M'a chargé de vous voir touchant quelque promesse
Qu'elle dit auoir faite, à l'ardeur qui vous presse.

Puis treuuant à propos son Carrosse en ces lieux
Plus viste qu'vn eclair s'estrauie à mes yeux.

LE ROY.

Touchant quelle promesse, & quelle est cette femme.

LE COMTE.

Vous auroit-on ioües.

ORANTEE.

C'est Seigneur, cette infame
Cette fille perdüe & c'et obiet d'horreur,
Que vous persecutez auec tant de fureur.
C'est celle qui tantost sous vn habit de Page
Vous a veu la traiter auecque tant doutrage,
C'est elle ou vos flatteurs treuuent tant de deffauz
Et ce sont ses appas qu'ils vous peignoient si faux,
Elle a creu comme moy qu'elle pouuoit sans crime
Vous voir & vous oster cette mauuaise estime,
Et par vn trait d'esprit de son inuention
A mis l'affaire au but de vostre intention,
Iugez par cet essay de son addresse extreme
Et touchant sa beauté consultes vous vous mesme,
Vous dont si tost l'amour ce sçauant artisan
A sceu de son censeur faire son partisan,
Considerez Monsieur, si depuis tant d'années,
Que ie voy ces beaux yeux qui font mes destinées,

I'aurois pû resister a ces ieunes vainqueurs
Si sçauants & si prompts à la prinse des cœurs:
Et si d'vn seul regard vous ayant fait malade
Ils m'auroient espargné; Voila mon Ambassade.

il rentre.

SCENE IX.

LE ROY, LE COMTE,

LE COMTE,

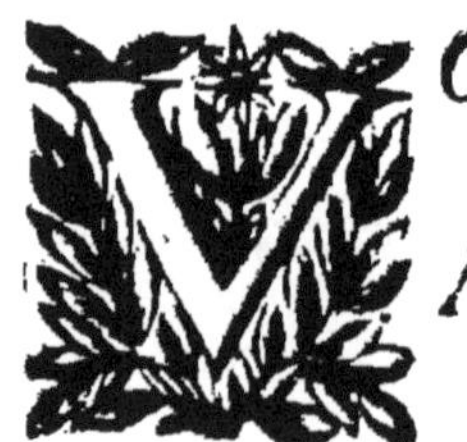

Oila d'vn bel espoir vn changement bien
prompt
Mais le premier trompé, i'ay le premier
affront.

LE ROY,

Tous mes sens interdits, dementent mon oreille
Touchant cette impudence à nulle autre pareille,
Laure deuant mes yeux, en ma chambre & de iour
L'ouyr, la voir, l'Aymer, & la prier d'amour.

LE COMTE.

Que ferons nous du Turc, suiurons nous sa Galere.

LE ROY.

Và Comte au nom des Dieux, n'aigry point ma cholere,
J'en ay trop pour les perdre, & faire souuenir,
De l'affront qu'il mont fait, les races à venir.

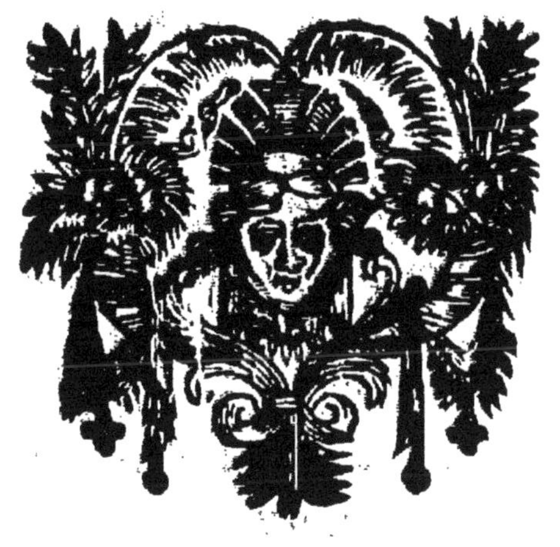

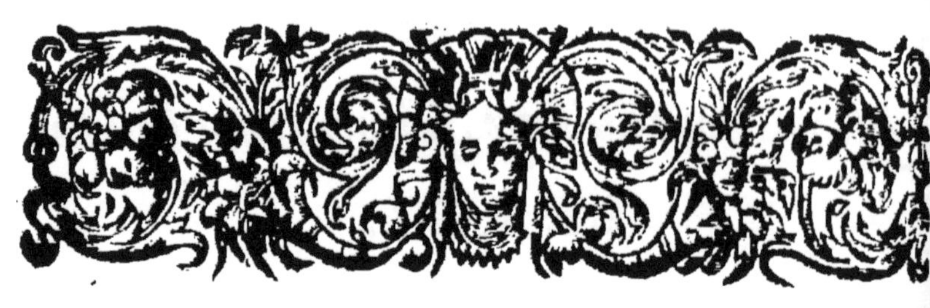

ACTE IV.

SCENE PREMIERE.

LYDIE, OCTAVE,

LYDIE.

T bien auec tant d'art, auec ce soing extreme,
Ressemblerais-ie à Laure.

OCTAVE.

Ouy comme Laure mesme
Auecce vestement, cette taille ce port,
Et ce graue maintient, qui l'imite si fort,
Auec ces assassins, cette poudre, ces mouches,
Et ce sousris fatal aux cœurs les plus farouches,
Si tu prends peine encore a bien feindre sa voix
Le Prince entre vous deux, heziteroit au choix,

Ouu

Outre aussi que la nuict fidelle secretaire
Des fourbes des Amants aydera ce mystere,
L'art a mis à propos, ce cabinet chez vous
Qu'vne fenestre basse expose aux yeux de tous,
Qui de tous les passans rend & reçoit la veuë
C'est la qu'il faut Lydie attendre ma venuë,
Et qu'il faut essayer l'Artifice amoureux
Qui promet du repos, & pour nous, & pour eux,
Moy i'attens icy Laure & l'ayant introduite
Et laissee en sa chambre ou ie l'auray conduite,
Auec aduis expres de ne paroistre pas
De crainte que le Roy n'addresse icy ses pas,
Ie viens au cabinet ou iouera l'artifice
Qui rend à ces Amants ce fauorable office.

LYDIE.

Mais quel office encor, ie ne le comprends point?
Beaucoup d'art, sans mentir à ce mystere est ioint,

OCTAVE.

Et quoy ne sçais tu pas ou Laure en est reduitte?
Peut elle d'vn Monarque euiter la poursuitte,
Tandis qu'il la croira nourrir ses premiers feux;
Songer encor au Prince, & receuoir ses vœux
Ce qu'il ne croira plus, s'il apprend qu'elle m'ayme.

LYDIE.

Mais pourquoy l'abusant, abuser Laure mesme
Et ne luy dire pas le plaisir qu'on luy fait.

OCTAVE.

Afin de n'oster pas le merite au bien fait,
Qui n'estant point promis oblige dauantage,
Outre que cette fille auec ce grand courage,
Qui donne vn vol si haut à ses pretentions
Verroit qu'on feroit tort à ses affections,
Et bruslant d'vne flame, & si noble & si belle
Ne voudroit pas souffrir qu'on la creût infidelle.

LYDIE.

Le trait est d'habile homme & d'vn esprit bien fait.

OCTAVE.

La seule pieté m'oblige à ce dessein
Et ton zele de mesme à ce deuoir t'inuitte,
Et de cette faueur partage le merite;
Laure vient de ce pas, & i'arreste en ce lieu
Pour la rendre en sa chambre.

LYDIE.

Attendez donc.

OCTAVE.

Adieu.

SCENE II.

OCTAVE, seul.

DE ces diuers detours la route est mal aysée,
Mais en ce labirinte il faut estre vn Thesée.
ut promettre a tous, & faire tout pour soy,
r bien tromper le Prince, il faut tromper le Roy,
ployons Laure mesme en cette Comedie,
e l'vn prendra pour Laure, & l'autre pour Lydie,
il est important, & i'y sçauray pouruoir,
le Roy la voyant, ne sçache pas la voir,
ant qu'il la connut, i'exposerois sa vie
rdente fureur, dont il la poursuiuie;
ur, subtil enfant, seconde mon dessein,
rise ma flame, ou me l'oste du sein,
ardons tout, n'importe, au moins i'ay l'aduantage

De ne pouuoir perir, par vn plus beau naufrage,
De ne pouuoir briser contre vn plus bel écueil,
Ny dans plus belle mer rencontrer mon cercueil.

SCENE III.

LE ROY, OCTAVE.

LE ROY,

MOn cher Octaue, & biens qu'à produit ton a-
dresse
Deuons nous esperer l'effet de ta promesse?

OCTAVE

Tout succedera, Sire, au gré de vostre espoir
I'ay promis ce matin, & veux payer ce soir:
Laure & certaine fille ont vn rapport extreme
Par qui i'ay resolu de vous tromper vous mesme
Vous verrez Laure mesme, au rapport de vos y
Le laict, enfin, au l'aict ne ressemble pas mieu
Cet extreme rapport semble vn ieu de nature,
Quelle n'ait inuenté que pour cette aduentur
Enfin, esperez Sire, vn bel euenement
Si le succez respond à ce commencement.

LE ROY.

Le triomphe obtenu, la despouille en est tienne,
Et dez demain, ie veux que Laure t'appartienne,
Mais tout depend de toy.

OCTAVE

Laissez m'en le soucy.
Allez querir le Prince, & vous rendez icy.

SCENE IV.

OCTAVE, seul.

I'Esleue vn edifice auecques ces machines,
Qui, s'il doit renuerser m'entraisne en ses ruines,
Et tu prends, mon amour, vn vol audacieux,
Mais si ie tombe, au moins, ie tomberay des Cieux.
Ie ne sçaurois perir pour vn obiet plus rare
Ce soleil, comme l'autre, est digne d'vn Icare.
Auançons la voila; Quelle infidelité
N'authoriseroit elle auec tant de beauté.

SCENE V.

LAVRE, OCTAVE.

LAVRE.

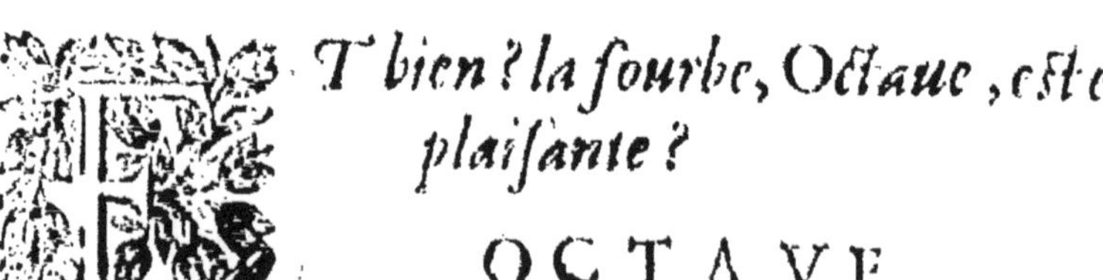

T bien? la fourbe, Octaue, est-elle pas plaiſante?

OCTAVE.

Que dit-elle? O propos, qui detruit mon attente!
Mon eſpoir eſt trahy, mes ſecrets decouuerts,
Les machines a bas, l'ediſice à l'enuers.

LAVRE.

Eſt-il temps, que l'effect ſuccede à la promeſſe?
Et que l'on ſatisfaſſe au deſir qui la preſſe?

OCTAVE.

Qui Madame?

LAVRE.

Le Roy.

OCTAVE.

Dieux vengeurs des forfaits!
Qui les voyez dans l'ame, auant qu'on les ait faits,
Que ma confusion punit ma perfidie!

LAVRE.

Vous ne m'en dites rien?

OCTAVE.

Que faut il que ie die?
Ouy Madame, il est vray, ces innocens appas.

LAVRE.

Le Prince en rira bien, mais le Roy n'en rit pas.

OCTAVE.

L'affaire succedant contre son esperance.

LAVRE.

Elle ma reußi contre toute apparence,
Luy donner tant d'amour auec si peu d'attraits!
Ie ne m'en ozois pas promettre tant d'effets.
Que dit-il de ce Turc, & de cette Ellante
La fourbe encor vn coup, n'est elle pas plaisante.

OCTAVE.

Ce discours cache vn sens, ouie ne comprens rien
Et mon espoir renaist; acheuons feignons bien.
Madame pardonnez, l'inquietude extréme
Et le trouble ou ie suis, pour vostre interest mesme,
Ne me permettent pas de vous repondre vn mot
Voyant le Roy. *(C'est assez il la veuë) on vous cerche entrons tost.*

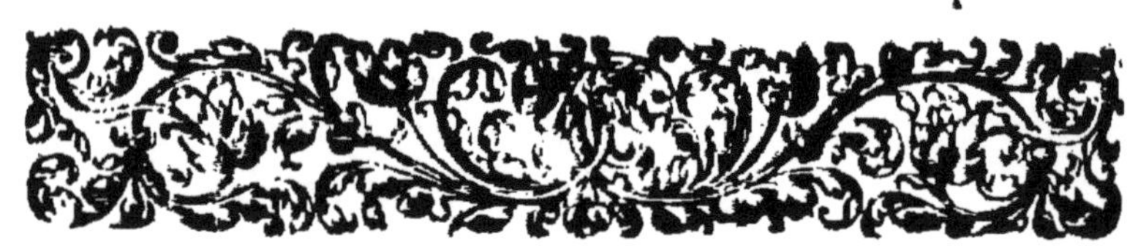

SCENE VI.

LE ROY, LE PRINCE ORANTEE, LE COMTE,

ORANTEE.

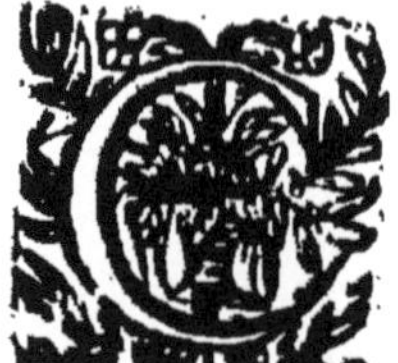

C'Est elle, mon amour ne dement point ma veuë,

LE ROY.

Est-ce Laure?

ORANTEE.

Ouy. Monsieur, c'est Laure, ie l'ay veuë.

Ie

Ie ne puis soupçonner l'esloignement des lieux,
Mon cœur me la monstrée, aussi bien que mes yeux.

LE ROY, bas.

N'estant pas aduerty de cette ressemblance,
Ie n'aurois peu des deux faire la difference,
I'ay cru voir Laure mesme, heureux comencement,
Ne sois pas dementy par ton euenement!

ORANTEE.

Quoy de ces lachetez Laure seroit capable!
Non, les Dieux pecheroient, le Ciel seroit coupable,
La Nature iamais n'auroit mis sous les Cieux
Rien que de criminel, & que de vicieux;
Et les noms en ce cas conuiendroient mal aux choses
La nuit seroit le iour, les espines les roses,
Le vice seroit beau, l'honneur seroit honteux,
L'incertain seroit seur, & le certain douteux.

LE COMTE.

Fort souuent en ce lieu, ie les ay veus ensemble,
Voulez vous approcher, ie les oy, ce me semble.

LE ROY.

Vous sçaurez discerner si la bonté des Dieux
Faict que la verité vous dessille les yeux.

Les aduis que m'inspirent, & l'aage, & la sagesse,
D'auecques les conseils d'vne ardente ieunesse,
Et vous verrez mon fils, que mon intention
Part, & n'aist purement de mon affection.

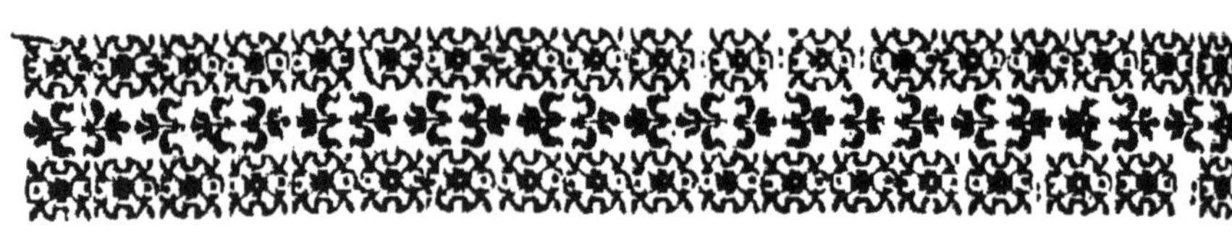

SCENE IV.

LYDIE, OCTAVE, LE ROY, ORANTEE, LE COMTE.

LYDIE, dit à Octaue dans le Cabinet.

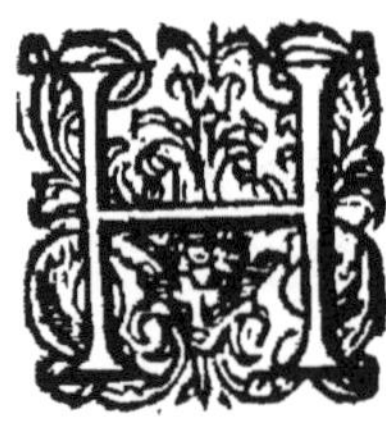

HA ne m'opposez point, ces excuses friuoles,
Repondez moy du cœur, laissons la les paroles.
Octaue, payez mieux, les ardeurs que ie sents,
Qu'auecques des souspirs ou feins ou l'anguissans,
Infidelles temoings, d'vne fidelle flame,
Et qui ne disent point les sentimens de l'ame,

ORANTEE, escoutant sous la fenestre.

Ardeurs, flames, souspirs! ha que m'apprenez vous!
Laure priant d'amour! luy prié, moy ialoux!

OCTAVE

Mais puis que vous sçauez, que ie despends d'vn maistre,
Accordez donc les noms de valet, & de traistre,
Laure, he quoy, pourriez vous priser auec raison
La foy qui vous viendroit par vne trahison ?
Mon deuoir, non pas moy, fait cette resistance,
Ie ne vous puis constant, promettre de constance,
Quels si sacrez sermens vous pouroient asseurer
D'vn, qui pour s'engager se deuroit pariurer,
Libre, i'aurois assez d'ardeur, & de courage
Pour oser souhaitter, ce glorieux seruage,
Mais ie depends du Prince, & cet engagement
Me deffend d'attenter à son contentement.

ORANTEE.

Ce desir te seroit vne funeste enuie,
Et tout autre discours t'auroit cousté la vie.

LE ROY.

Et bien ou fondez vous vostre fidelité?
Dessus cette foiblesse: & cette lacheté?

LYDIE.

L'amour est bien enfant: quãd tremblant, & timide
Il prend, ou la prudence, ou la raison pour guide,

Souffrons puis qu'il est Dieu, que tout luy soit permis,
Sans respect de parens, de maistres ny d'amis;
Car enfin que pretend auecques sa fortune,
Ce Prince dont l'amour si long temps m'importune,
Qu'il sousmette ses vœux aux volontez du Roy,
Et me laisse à mon gré disposer de ma foy.

OCTAVE.

Quoy Laure est infidelle?

LYDIE.

Octaue est indomptable?

OCTAVE.

De cette trahison mon cœur n'est pas capable.

ORANTEE.

Et me laisse à mon gré disposer de ma foy!
Há c'est trop.

LE ROY.

Arrestes.

ORANTEE,

Monsieur, permettez moy.
Car enfin que pretend auecque sa fortune
Ce Prince dont l'amour si long temps m'importune

LE ROY.

Mon fils.

ORANTEE, tirant son épée.

Souffrez, Monsieur que mon iuste courroux,

Vange.

OCTAVE.

Ientends qulqu'vn, Laure retirons nous.

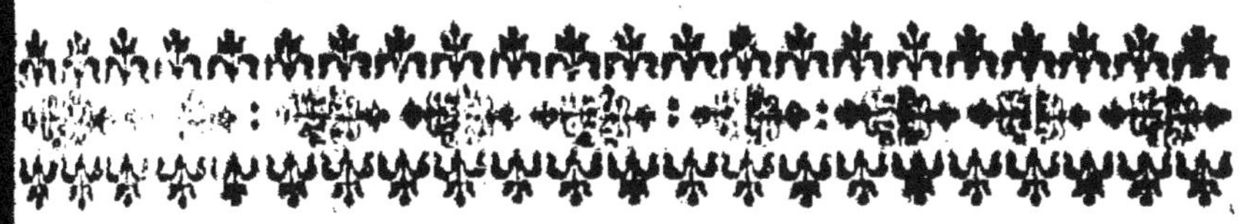

SCENE VIII.

LE ROY, ORANTEE, LE COMTE, ORANTEE.

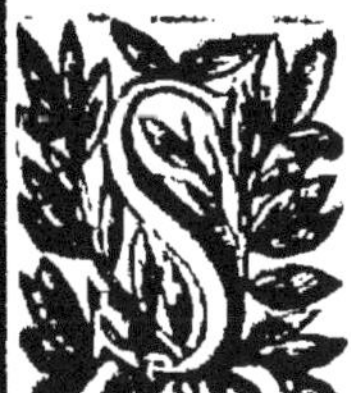

Vr son perfide sang, vostre hayne, & ma flame.

LE COMTE.

Seigneur, remettez vous.

ORANTEE.

Elle mourra l'infame,

Qu'il me laisse à mon gré disposer de ma foy!

Ouy, ie te la remets, perfide, elle est a toy.

Ouy, ie renonce ingratte, à la fausse victoire
Sur qui i'establissois le comble de ma gloire,
Dispose de ta foy, lache, ouy, ie te remets
Ce bien imaginaire, & que tu n'eus iamais.
Hà Ciel ce n'est point toy qui regis la nature,
Tes astres impuissans errent à l'aduanture,
La region du feu, n'a point de pureté,
La terre, quoy qu'on die, est sans stabilité,
L'ombre produit les corps, & les corps suiuẽt l'ombre,
L'Astre du iour est fixe, & sa lumiere est sombre,
Le visage de Laure à de douteux apas,
Et rien n'est asseuré, puis qu'elle ne l'est pas.

LE ROY.

En fin, voila mon fils, cette chaste Lucrece
Dont vous m'auiez si haut exalté la sagesse,
En fin vous apprendrez de l'vsage, & du temps,
Combien il est trompeur d'abonder en son sens
Et que la passion est vne aueugle guide,
Auec qui l'on s'egare, en luy lachant la bride,
C'est le Bruit de la ville, & celuy de ma Cour,
Que mille auecque vous partageoint son amour,
Si tel bien toutefois, se partageant se donne,
Car, ce qu'on à pour tous, on ne l'a pour personne.

ORANTEE.

cognois ma folie ; & mon aueuglement
nceste trahison parroist trop clairement,
Mais que ne peut ce sexe alors qu'il dissimule,
-il œil, qu'il n'aueugle, est-il cœur, qu'il ne brusle ?
erfide, tu deuois, au moins par interest,
ttendre nostre Hymen, puis qu'il estoit si prest,
uis qu'aucune puissance à nos vœux opposee,
'eust d'auecques ta foy, la mienne diuisee,
t que rien de trop fort, ne s'offroit à mes yeux,
e la part des mortels, ny de celle des Dieux.

LE ROY.

Quand le Ciel pour nos fronts, à marqué des Couronnes,
es soings dés le berceau veillent sur nos personnes,
ouuernent nostre vie, & ne permettent pas
ue destinez si haut, nous descendions si bas.
reste donc, mon fils, d'accomplir mon attente,
t de tourner vos vœux du costé de l'Infante,
e bruit de ses appas est assez respandu,
our vous promettre plus, que vous n'auez perdu.

ORANTEE.

ous mes fers sont brisez, toute ma flame est morte,
hoisissez les liens, qu'il vous plaist que ie porte,

Ordonnez moy le feu, qui bruslera mon cœur,
Le triomphe tout prest, n'attend que le vainqueur.

LE COMTE.

Sire, apres ce bon-heur, que le Ciel nous enuoye,
Ioignons à mille feux, autant de cris de ioye.

LE ROY.

Puis qu'à mes volontez, vous sousmettez vos vœux
Il reste encor, mon fils, vn seul point que ie veux.

ORANTEE.

Quel? ordonnez Monsieur,

LE ROY.

De tenir cet outrage,
Trop au dessous de vous, & de vostre courage,
Pour vous deuoir aigrir contre vn sexe impuissant
Que vous honoreriez, mesme, en le punissant.
Si vous n'espargnez Laure, espargnez vostre gloire
C'est assez la punir, qu'en perdre la memoire.

ORANTEE.

C'est Arrest est vn frein à mon iuste couroux,
Ie ne veux voir qu'Octaue.

LE ROY au Comte.

Allons retirons nous.

SCEN

SCENE IX.

ORANTEE, seul.

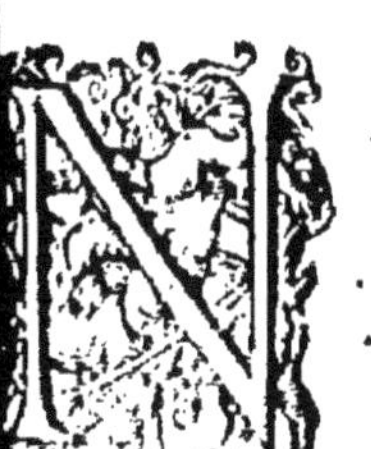

Ne souffre pas encor qu'on blasme ta foiblesse,
Beau monstre apprivoisé, dont la douceur nous blesse.
Manquement de Nature agreable à nos yeux,
Mal, mais mal, le plus beau des ouurages des Cieux,
...xe, qui dompte tout, & n'as point de courage,
...e nos fidelitez, obiet lasche, & volage,
...effend toy de ma plainte & de ma paßion,
...vante ta constance apres cette action.
...a!

SCENE X.

OCTAVE, ORANTEE,

OCTAVE.

V'auez vous Seigneur, Quel trouble vous possede?

ORANTEE.

Vne peine, une rage, vn tourment sans remede.

OCTAVE.

Et quel?

ORANTEE.

De tous les maux qu'on souffre sous les Cieux
Le plus insupportable, & le plus furieux.

OCTAVE.

Quelque nouuel obstacle à vostre mariage.

ORANTEE.

Non, ce seroit vn mal moindre que mon

OCTAVE

Quel donc?

ORANTEE.

La ialousie.

OCTAVE.

Et de qui.

ORANTEE.

Tu le sçais.

OCTAVE.

Ny Laure, ny sa foy, ne changerent iamais.
L'inuiolable ardeur qu'elle vous à iurée,
Aussi loin que sa vie ettendra sa durée.

ORANTEE, tirant vn poignard.

Infame receleur, de sa deloyauté,
I'ecriray de ton sang, son infidelité.

OCTAVE.

Quoy Seigneur de mon sang, d'oun'aist vostre cholere.

ORANTEE.

De l'affront que tu sçais, & que tu me veux taire,
Quoy, qu'en cette rencontre, heureusement pour toy
I'ay appris ton respect, & reconnu ta foy.

OCTAVE.

Et de qui sçauez vous que Laure est infidelle,

ORANTEE.

Tu le sceles encore ? de Laure, traistre, d'elle,
Elle te vient d'offrir la foy que i'en auois,
Et i'aurois dementy tout autre que sa voix.

OCTAVE.

Quoy qu'instruy de sa vie, il est vray ie l'ay teuë
Comme triste nouuelle, & tousiours trop tost sceuë,
Ce qui doit affliger surprend tousiours assez.

ORANTEE.

Quoy mes bien-faits futurs, mes seruices passez
Tant d'obstacles franchis, des transports si sensibl
Signes de mon amour, si clairs & si visibles
Sont de trop foibles nœuds pour arrester sa foy,
Mon amour l'importune! Ha ie meurs soustiés m

OCTAVE.

Il faut faire paraistre, au regret qui vous presse,
Autant de fermeté, comme elle a de foiblesse.

ORANTEE.

Sexe ingrat.

OCTAVE.

Il est vray, que depuis quelque iours
[J]e suis persecuté de ses folles amours,
[M]ais tout autre s'offrant seroit prest à luy plaire,
[E]lle ne fait refus, ny n'en sceut iamais faire,
[V]ous manquez vne place, où mille ont reüssi.

ORANTEE.

[P]uis-ie ouyr ce discours! effronté sorts d'icy.

OCTAVE.

[J]e m'en vay,

ORANTEE.

Non reuiens; i'oublieray cette ingratte,
[M]ais il ne peut encor, que ma douleur n'eclatte,
[C]herche quelqu'vn des miens.

OCTAVE.

En ce ressentiment,
[A]u moins n'attentez rien.

ORANTEE.

Non, fais tost, seulement.

SCENE II.

ORANTEE, seul.

AVec quelle constance au courroux qui
m'anime,
De ma diuinité, feray-ie ma victime,
Faut-il donc ruiner le Temple où i'ay prié,
Et démolir l'Autel, où i'ay sacrifié,
Puis-ie l'ayant aymée à l'egal de moy-mesme,
D'vne extreme sitost, passer à l'autre extreme,
Non, sortez de mon sein, vains proiets que ie fais,
Ie l'ayme au plus haut point, que ie l'aimay iamais,
Ie sçay que ma constance, apres vn tel outrage,
Est bien moins vn excez, qu'vn deffaut de courage,
Et que le souuenir de sa deloyauté,
Est vn honteux reproche, à mon honnesteté.
Mais le mal que ie sens ressemble à ces vlceres
Qui par quelque accident deuiennent necessaires
Dont il est dangereux de se laisser guerir
Et qu'on ne peut fermer sans se faire mourir.
O ridicule amour! cœur lasche, cœur infame!
Qui ne peut s'échapper des liens d'vne femme

Estre si peu touché d'vn si sensible affront
Ne le ressens tu point? est-il tout sur mon front,
Elle ne peut souffrir, ny moy, ny ma fortune
Vn des miens la reiette, & moy ie l'importune,
Va, cede mon amour, à ce iuste transport,
Ouy ie hay cette infame à l'egal de la mort,
Mais quoy ne la voir plus, mon erreur reconnuë,
Peut m'en oster l'amour, & m'en laisser la veuë,
Layssons seulement, ce quelle à d'odieux,
Et l'abhorrant du cœur, admirons la des yeux,
Helas! que resoudrais-ie en cette peine extreme,
A peine ie la hay, que ie sens que ie l'ayme.

SCENE XII.

OCTAVE, Gardes, ORANTEE, OCTAVE.

Les voicy.

ORANTEE.

Suiuez moy.

OCTAVE.

Sur tout gardez Seigneur,
Que vos mains de son sang ne tachēt vostre honneur.

ORANTEE.

Entrons.

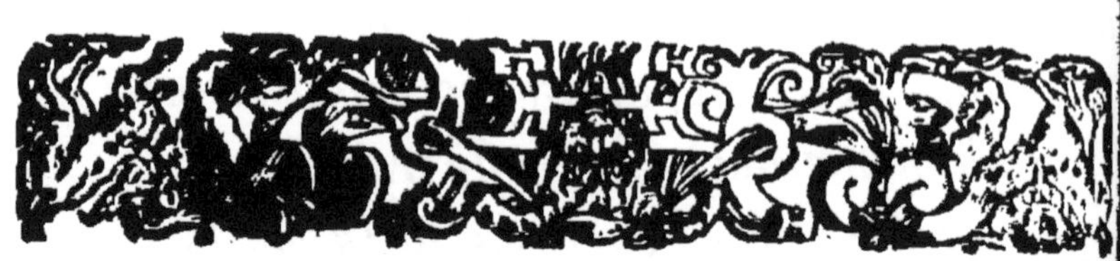

SCENE XIII.

LAVRE, OCTAVE, ORANTEE
Les Gardes.

LAVRE.

ET bien mon Prince, appres cet artifice
Puis-ie rien entreprendre, ou ie ne reußisse,
Auec adresse en fin ay-ie trompé le Roy.

ORANTEE.

Ouy perfide, il est vray, mais luy bien moins que moy

LAVRE.

Raillez vous? hé Seigneur, quelle est cette visite,
A quoy cette froideur, & pourquoy tant de suitte
Vous allez exciter vn murmure apparent.

ORAN

ORANTEE.

Ce murmure aiourd'huy m'est tout indifferend,
Puis qu'il sera suiuy d'vne eternelle absence,

LAVRE.

Qu'entend-ie ? ô iuste Ciel soustiens mon innocence,
Helas qu'ay-ie commis?

ORANTEE.

Elle feint bien.

OCTAVE.

Fort bien.

LAVRE.

Quel est donc entre vous ce secret entretien;
En quoy mon cher Octaue ay-ie peu luy déplaire.

OCTAVE.

Vos iours sont en danger euitez sa cholere.

ORANTEE.

Mon cher Octaue infame.

LAVRE.

En cet estonnement
Je demeure interdite & perds tout sentiment,

Quoy donc à tant d'amour ſuccede tant de hayne,
Há ! faicte que ie meure, ou me tirez de peine.

ORANTEE.

Non, non, il faut encor ſignaler vos appas,
Il importe à beaucoup que vous ne mouriez pas,
Il reſte à ces beaux yeux des libertez à prendre,
Et leur empire encor à bien loin à s'ettendre,
Ne leur oſtez donc pas la lumiere du iour,
Viuez pour voſtre gloire, & pour celle d'amour,
Cependant ne craignez ny moy ny ma fortune,
Et n'apprehendez plus que ie vous importune,
Ie voudrois ſeulement vous rendant voſtre foy,
Certains gages d'amour, que vous auez de moy.
Ces gens les receuront, ordonnez qu'on les rende,
Ce n'eſt pas que la perte, en effect en fuſt grande,
Mais ces triſtes obiets pourroient à l'aduenir,
Vous affliger l'eſprit de quelque ſouuenir,
Et ie veux que le temps efface noſtre hiſtoire,
Et vous oſte de moy iuſques à la memoire.

LAVRE,

Seigneur, ne tirez pas, des pleurs que ie reſpands
La preuue de ma vie, attendez là du temps,
C'eſt à ſon ſeul pouuoir, qu'appartient la deffence,
Et de ma paſſion, & de mon innocence.

Ie suiuray cependant l'ordre que ie reçoy,
Et vous renuerray tout sans reprendre ma foy.
L'effort que i'en ferois seroit bien inutille,
La resolution n'en est pas si facile,
Heureux qui comme vous en peut vser ainsi.
Qui se peut engager, & degager aussi,
Pour moy ie n'obtins pas ce bien de la Nature,
Ie ne vous oubliray que dans la sepulture,
Et s'il'on ayme encore, separé de son corps,
Vous aurez vne amante, en l'Empire des morts,

ORANTEE.

Helas! à mes regards, l'ingratte s'est rauie,
Allons sortons d'icy, i'y laisserois la vie.
Ie sens bien que mon mal sera sans reconfort,
Et que ma guerison n'appartient qu'à la mort.

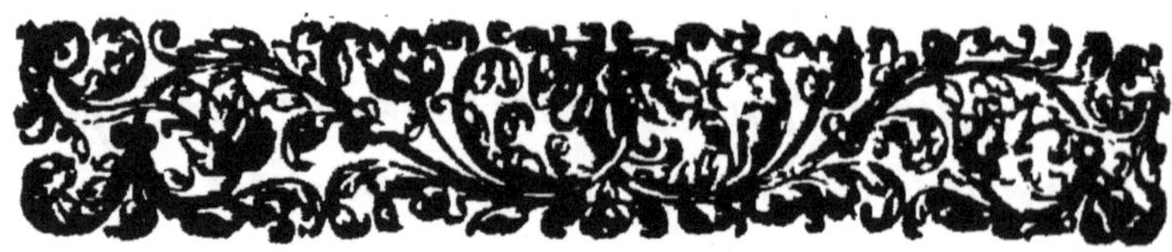

ACTE IV.

SCENE PREMIERE.

ORANTEE, à la porte de Laure, seul, vne espée à la main.

BEau Ciel de mon soleil, maison si desirée,
Ruë ou ma liberté s'est si bien egarée,
Belle porte de Laure, ou cet astre d'amour,
Tourant, ou te fermant, oste, ou donne le iour,
Fenestres desormais à mes yeux deffenduë,
Pourquoy, chetif, pourquoy vous ay-ie iamais veuë,
Et vous ieunes tyrans des libertez des cœurs,
Beaux yeux de ma franchises agreables vaincœurs,
Beaux meurtriers, qui muets auez tant d'eloquẽce,
Helas combien desia me dure vostre absence,
Pourquoy, par vos regards m'auez vous tãt de fois
Confirmé faussement le rapport de sa voix,
Il se sied sur le sueil de la porte, *I'ay bien en vous croyant ioint la honte à l'iniure,*
I'ay receu deux meurtriers pour tesmoins d'vn par-
iure,
Au soin de deux voleurs, mon espoir s'est remis,
I'ay pris peur conseillers mes mortels ennemis.

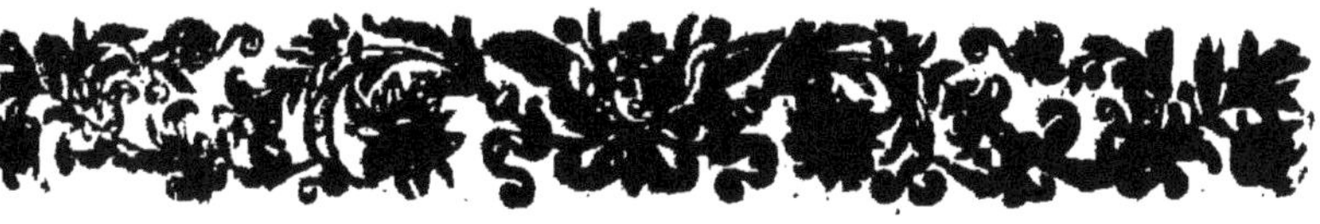

SCENE II.

OCTAVE, ORANTEE,

OCTAVE.

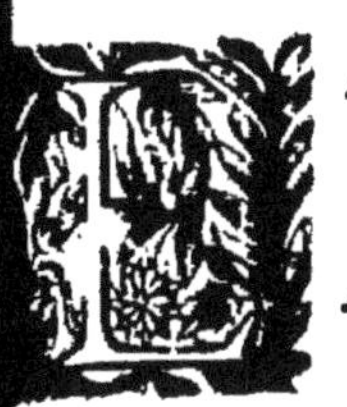

E Prince en ceste triste & soudaine retraïte,
Ne ma pas sans dessein sa presence soustraite,
Il proposoit en vain de ne la reuoir plus,
Ses fers sont allongez, mais ne sont pas rompus,
Les riuieres plustost pour monter vers leur sources,
Contre leur naturel, rebrousseroient leur course,
Que pour quelque depit, qui rebutte vn Amant,
Il cesse d'incliner & tendre à son aymant.

ORANTEE, couché sur le seuil pleurant.

Qu'enten-ie ?

OCTAVE.

Quoy Seigneur, & si tard, & sans suitte.

ORANTEE.

Que veux tu, sans dessein sans Conseil, sans cõduitte,
Mon cœur sollicité d'vn inuincible effort,

Se laisse aueuglement attirer a son nort,
Pour n'estre pas tesmoin de ma folie extreme,
Moy mesme ie voudrois estre icy sans moy mesme,
Qu'vn fauorable soin t'ameine sur mes pas,
Saisi, troublé, confus, ie ne me congnois pas,
Et ta seule presence en ce besoin offerte,
Arreste mon esprit, sur le point de sa perte.

OCTAVE.

Maudite trahison source de ses douleurs,
Que ta triste semence est feconde en malheurs,
Quoy Seigneur, voulez vous qu'vne fille ait la gloir
Dauoir d'authorité conserué sa victoire,
D'ozer impunement vous traiter de mespris,
Et vicieuses ou non, regner sur vos esprits,
Domptez par vne vtille, & belle violence,
Cette amour qui vous braue auec tant d'insolence,
Il faut payer de force en semblables combats,
Qui combat mollement veut bien ne vaincre pas.

ORANTEE.

Ie l'auouë à toy seul, ouy ie l'auouë Octaue,
En cessant d'estre amant, ie deuiés moins qu'esclaue,
Et si ie la voyais, ie croy qu'à son aspect,
Tu me verrois mourir, de crainte & de respect,
Je ne sçay par quel sort, ou qu'elle frenaisie,
Mon amour peut durer auec ma ialousie.

Mais ie sens en effect, que malgré cet affront,
Dont la marque si franche, est encor sur mon front,
Le despit ne sçauroit l'emporter sur la flame,
Et toute mon amour est encor en mon ame.

OCTAVE.

Tout son espoir peut donc estre encor en son sein,
S'il'ingrate à pour vous encor quelque dessein,
Quand apres le combat l'ennemy se rapproche,
Nostre paix est aysee, & nostre grace est proche,
C'est vn fatal dessein pour nostre liberté,
Que de reuoir le ioug que nous auons porté,
Rien n'est plus eloquent, que les pleurs d'vne femme
C'est vne eau merueilleuse, & qui nourrit la flame,
Auecques sa foiblesse, elle peut tout forcer,
Qui consent de l'entendre est prest de l'exaucer,
Comme la voix est douce elle est persuasiue,
Nous n'auons point de fiel dont elle ne nous priue,
Cette douceur nous plaist, & ce qui plaist surprend,
Si l'esprit n'est gaigne la volonté se rend,
Si la voix ne peut rien la personne nous touche,
Tout en est eloquent, ses yeux aydent sa bouche,
Toutes ses actions seruent à son secours,
Et pour nous r'aguerir sans de muets discours,
La voyant sans science, on la croit sans malice,
Et toutes fois sa vie est vn pur artifice,
Laure en vn mot Seigneur, n'est pas loin de sa paix.

ORANTEE.

Moy que ie souffre Laure, & luy parle iamais
Que iamais ie m'arreste & iamais ie me monstr
Ou Laure doiue aller ou Laure se rencontre,
Que ie visite Laure, & la caresse vn iour,
Que Laure puisse encor me donner de l'amour,
Qu'ayant receu de Laure vn traictement si rude
Laure me puisse plus causer d'inquietude,
Les estoiles plustost descendront en ces lieux
Les arbres arrachez s'yront planter aux Cieux,
Les poissons dedans l'air prendront leur nourritur
Les bestes dans la mer chercheront leur pasture,
On verra de son lieu sortir chaque element
Et tout sera compris en ce dereiglement.

OCTAVE.

Mais si pour vous toucher elle n'a plus de charmes
Pourquoy donc baignez vous sa porte de vos larm
Quand l'esclaue eschappé r'approche la maison,
Il ne hait pas son maistre & craint peu sa priso

ORANTEE.

A qui gouste vn repos si calme & si tranquile
Octaue aucun effort ne semble difficile,
Viuant comme tu faits exempt de tous soucy
Tu crois qu'il m'est aisé, d'en estre exempt aussi.

Mais las! si de nos cœurs nous pouuions faire échange,
Combien tu treuuerois ce changement étrange!
Que tu croirois ton mal loin de sa guerison,
Et que tu serois sourd aux loix de la raison;
Ce lieu te plairoit tant, que peut-estre l'Aurore,
En r'amenant le iour t'y trouuerroit encore.

OCTAVÉ.

On souffre volontiers pour vn bien qu'on poursuit,
Mais quand de sa poursuite on n'attend point de fruit.

ORANTEE.

Que veux-tu? mon attente estoit vne chimere
Qui porta des enfans semblables à leur mere,
Comme ie batissois sur vn sable mouuant,
I'ay produit des souspirs, qui ne sont que du vent.

OCTAVE.

Mais si vous conferiez auec vostre courage,
D'vn si peu supportable, & si sensible outrage,
Et defendiés l'entrée à tout autre penser,
N'espereriés-vous point que ce mal pût cesser?

ORANTEE.

N'estant pas immortel mon mal ne le peut estre,
I'en treuuerray la fin, à force de l'accroistre,

I'obtiendray mon repos de mes propres douleurs,
Et par mes pleurs, enfin, ie tariray mes pleurs,

OCTAVE.

Lors que le desespoir à ce point nous possede,
C'est vn surcroist de mal, & non pas vn remede.

ORANTEE.

Qu'on m'a fait vn plaisir, & triste, & déplaisant!
Et qu'on m'a mis en peine, en me desabusant;
Qu'on a blessé mon cœur en guerissant ma veuë,
Car enfin mon erreur me plaisoit inconnuë,
D'aucun trouble d'esprit ie n'estois agité,
Et l'abus me seruoit plus que la verité.
Moy, que du choix de Laure, en fin, ie me repente,
Que iamais à mes yeux, Laure ne se presente?
Que de Laure mon cœur ne m'oze entretenir?
Que Laure ne soit plus dedans mon souuenir,
Que pour Laure, mon sein n'enferme qu'vne roche,
Que ie ne touche à Laure, & iamais ne l'approche?
Que pour Laure mes vœux ayent esté superflus,
Que ie n'entende Laure, & ne luy parle plus?
Frappe, ie la veux voir.

OCTAVE.

Seigneur,

ORANTEE.

Frappe te dis-ie,

OCTAVE.

Mais songez vous à quoy vostre transport m'oblige?

ORANTEE.

Ne me conteste point,

OCTAVE.

Quel est vostre dessein?

ORANTEE, tirant son poignard.

Fay tost, ou ie te mets ce poignard dans le sein.

OCTAVE.

Et bien, ie vay heurter.

ORANTEE.

Non, n'en fais rien, arreste,
Mon hõneur me retient, quãd mon amour est preste,
Et l'vne m'aueuglant, l'autre m'ouure les yeux.

OCTAVE.

L'honneur asseurement vous conseille le mieux;
Retirons nous,

ORANTEE.

Atten, que ce transport se passe,

Approche, cependant, sieds-toy, pren cette place?
Et, pour me diuertir, cherche en ton souuenir,
Quelque histoire d'amour dequoy m'entretenir.

OCTAVE, assis.

Ecoutés donc : vn iour,

ORANTEE.

Vn iour, cette infidelle,
M'a veu l'aimer au point d'oublier tout pour elle,
Vn iour i'ay crû son cœur répondre à mon amour,
I'ay cru qu'vn chaste Hymen nous vniroit vn iour,
Vn iour ie me suis veu, comblé d'aise, & de gloire,
Mais ce iour là n'est plus, acheue ton histoire.

OCTAVE.

Vn iour donc en vn bal, vn Seigneur,

ORANTEE.

Fut-ce moy,
Car ce fut en vn bal qu'elle receut ma foy,
Que mes yeux esblouys de sa premiere veuë,
Adorerent d'abord cette belle inconnuë,
Qu'ils liurerent mon cœur à l'empire des siens,
Et que i'offris mes bras à mes premiers liens?
Mais quelle tyrannie ay-ie enfin éprouuée,
Octaue, c'est assez, l'histoire est acheuée.

OCTAVE.

Je la commence a peine!

ORANTEE.

Il suffit ie ne puis,
Auoir plus longue tresue, auecques mes ennuis.
Quelque lumiere encor eclaire à sa fenestre,
Croy-tu qu'vn peu de bruit, l'obligeast d'y paroistre:

OCTAVE.

Sans doute; & c'est Seigneur, l'histoire qu'il vous faut.

ORANTEE.

Fay donc,

OCTAVE.

L'appelleray-ie?

ORANTEE.

Ouy,

OCTAVE.

Laure

ORANTEE.

Vn peu plus haut.

OCTAVE.

Laure, vn mot.

ORANTEE, se cachant.

Tout mon sang en mes veines se trouble
Ie veux sortir de peine, & ma peine redouble.

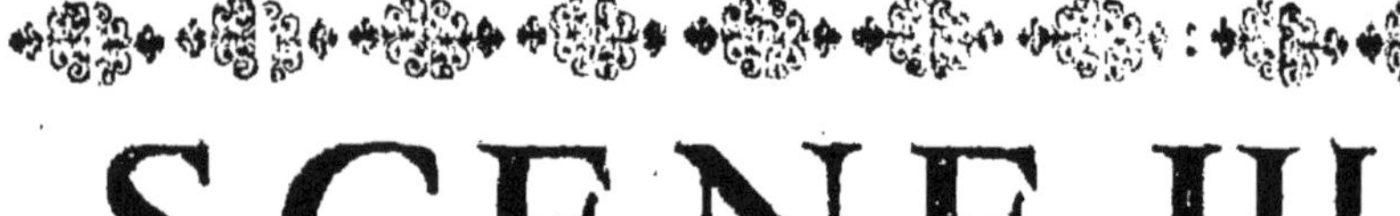

SCENE III.

OCTAVE, LAVRE, ORANTEE.

LAVRE.

Vi me demande, qu'est-ce?

ORANTEE.

Helas! tu m'as perdu,
Vien, ne l'appelle plus:

OCTAVE.

Elle m'a repondu!

ORANTEE.

Treuue quelque pretexte,

OCTAVE.

Attendez, c'est Madame,

Le Prince,

ORANTEE.

Que dit il? ce traistre me diffame.

OCTAVE.

Qui vous mande par moy qu'il r'enuerra demain,

ORANTEE.

Quoy, menteur?

OCTAVE.

Les escrits qu'il a de vostre main,

LAVRE.

Dy luy que sans me faire vne ambassade vaine,
Il peut, auec du feu, s'épargner cette peine.

Elle se retire, & ferme la fenestre.

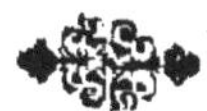

SCENE IV.

OCTAVE, ORANTEE.

ORANTEE.

L'Ingratte, à mes regrets, ioint encor ses mes-
pris,
Helas! quel trouble, Octaue agite mes esprits!
L'amour qui me transporte, & l'affront qui me tou-
che,
Tous deux egalement vouloient m'ouurir la bouche,
Tous deux vouloient paroistre & sortir à la fois,
Et tous deux se pressants, m'ont étouffé la voix.

OCTAVE.

I'ay deguisé la mienne auec tout l'artifice,
Que pouuoit de mon soing, requerir ce seruice
Et Laure asseurément n'a pas cru me parler:
Mais, Seigneur, il est tard & temps de s'en aller.

ORANTEE.

Va, laisse ie te prie à mon inquietude
Auant que ie te suiue, vn peu de solitude.

OCTAVE

OCTAVE.

Seigneur,

ORANTEE.

Ha! que ie hay ces ſoins deſobligeans,
Va, te dis-ie, & tantoſt ameine icy mes gens?

OCTAVE, en luy-meſme.

Soyons toſt de retour, la fourbe deſcouuerte,
Et de Laure, & du iour, me couſteroit la perte.

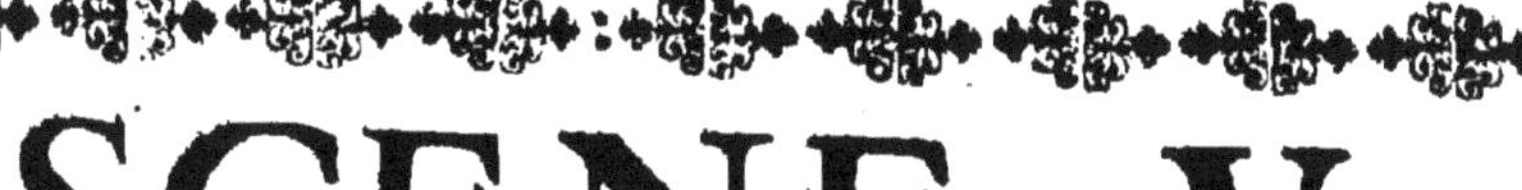

SCENE V.

ORANTEE, ſeul.

EN fin, me voicy ſeul, & ie puis librement
Eſcouter mon amour, & mon reſſentiment;
Mon cœur, entre les deux, égalemẽt balance,
Honneur, pour m'arreſter, vſe de violence:
Car ſi i'oſe la voir, quel que ſoit mon courroux,
Tu me verras muet tomber à ſes genoux;
Vn ſeul de ſes regards m'arracheroit les armes,
Et ſi ie me plaignois, ce ſeroit par des larmes:
Si i'oſe l'aborder, ſon pardon eſt certain;
L'ennemy qui viſite a la grace à la main:
Que reſoudrais-ie donc au mal qui me tranſporte?

Attens-ie que le iour me treuue à cette porte?
C'est trop deliberer, leuons-nous, parlons-luy,
Mais d'vne fausse voix, & sous le nom d'autruy.

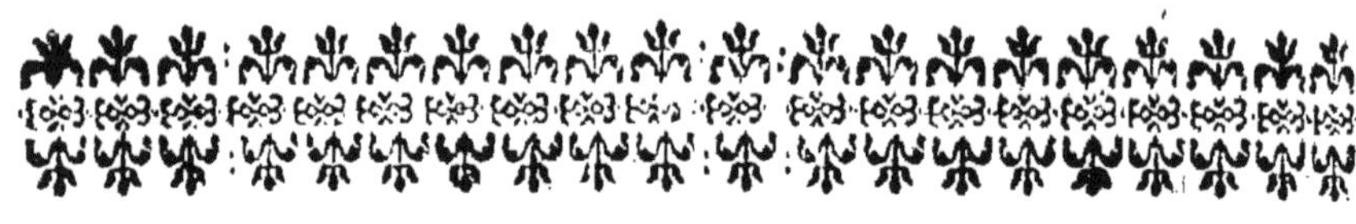

SCENE VI.

Il frappe à la porte.

LAVRE, ORANTEE.

LAVRE.

Vi frappes?

ORANTEE.

C'est Octaue? vn mot, & ie vous laisse.

LAVRE.

Venez-vous croistre encor la douleur qui me presse?
Et me rapportez-vous ces escrits mal-heureux,
Legitimes enfans d'vn esprit amoureux?
Et si chers autrefois aux yeux de ce barbare;
Qui recognoist si mal vne amitié si rare;
La passion m'emporte, excusez ce transport?

ORANTEE.

Le Prince recognoist qu'en effet il eut tort,
Et, qu'en cette action, il crût trop son courage:

LAVRE.

Ma mort suiura de prés vn si sensible outrage;
Et i'auray trop long temps suruescu son amour,
Si i'attens pour mourir la naissance du iour:
I'aurois tort, il est vray, si ie treuuois estrange,
Qu'au party qui luy vient, sa volonté se range;
Puis qu'enfin c'est l'arrest, & d'vn pere, & d'vn Roy,
Et qu'vn Prince doit plus à ses Estats qu'à soy;
Mais d'amant me traiter en mortel aduersaire,
Et m'imputer du mal, à dessein de m'en faire:
Vouloir m'attribuer son infidelité,
Et ne pardonner pas à mon honnesteté:
C'est mal faire paroistre vne illustre naissance,
Qui ioint la courtoisie auecques la puissance;
Et c'est bien démentir cette discretion,
Qui presida tousiours à son affection.

ORANTEE.

I'ignore par quel art il a pû recognoistre
L'amour, qu'encor ce soir, vous m'auez fait paroi-
stre;
Mais cette cognoissance a fait ce changement,

Et de sa ialousie est le seul fondement.

LAVRE.

Octaue, resuez vous? quoy, vostre humeur est vaine,
Iusqu'au point d'auoir crû me causer de la peine,
L'esprit recuse icy l'authorité des sens,
Quelqu'vn le contrefait, attendez ie descens?

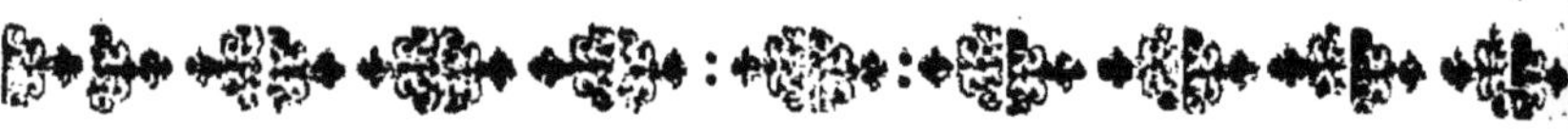

SCENE VII.

ORANTEE, seul.

O Dieux! s'il se pouuoit, qu'en faueur de mon pere,
Octaue eust employé la fourbe en ce mystere,
Et qu'on m'eust fait à tort soupçonner son bonneur;
Seroit-il quelque ioye égale à mon bon-heur?
Mon oreille a bien tost estably ma creance,
L'affaire meritoit assez de deffiance;
Le sage doit long temps, & bien voir ce qu'il croit,
Et mesme quelque fois douter de ce qu'il voit:
Mais Dieux! que cét abord treuue en moy de foiblesse,
Ie doute si ie meurs, de ioye, ou de tristesse.

SCENE VIII.

LAVRE, LYDIE, vn flambeau à la main, ORANTEE.

LAVRE.

LYdie, est-il bien vray, que nous ne dormions pas?
Que vois-ie? hé! quoy, Seigneur, où s'adressent nos pas?
Vostre pouuoir d'accord auec vostre courage,
De vostre auersion, vient-il finir l'ouurage?
Vostre main en mon sang se vient-elle tremper?
Tenez, voila l'endroit où vous deuez frapper?
Ne luy retardez point ce sanglant exercice,
L'attente me punit autant que le supplice:
Qui desplaist à son Prince, est digne du trespas,
I'ay desia trop vescu, si ie ne vous plais pas.

LYDIE, bas.

Quand ma compassion me cousteroit ma haine;
Octaue, il faut qu'en finie les tire de peine.

ORANTEE.

C'est bien porter le cœur le plus dissimulé,
Qui des flammes d'amour ait encores bruslé;

Et bien sçauoir vser d'vne fausse apparance,
Que de se contrefaire auec tant d'asseurance ;
Qui croiroit que iamais d'effet ou de penser,
Qui me tient ce discours eust voulu m'offencer?
Et toutefois, mes yeux, lâche cœur, ame ingratte;
Il faut à cette fois que ma douleur éclatte :
Mes propres yeux ont veu l'affront que tu m'as fait,
Et l'apparance encore veut dementir l'effet,
Certes, Octaue, est lâche au peril de sa vie,
Il deuoit seconder vne si belle enuie ,
Il se deuoit resoudre à cette affection,
La fortune en vaut bien la resolution.

LAVRE.

Puis que vous le voulez, il faut bien que i'endure
Vne si rigoureuse, & lâche procedure ;
Ma complaisance mesme ira iusqu'à ce poinct,
Si cette erreur vous plaist de ne vous l'oster point :
Mais si vostre rigueur ne hait mon innocence,
Iusques à luy vouloir deffendre sa deffence ;
I'espere assez du temps, & de la verité,
Pour conuaincre d'erreur vostre credulité :
Il ne faut pas, Seigneur, croire tant son courage,
Vostre condition repugne à cét outrage :
Tel nous voit auiourd'huy les armes à la main,
Qui les larmes aux yeux nous reuerra demain ;

aite paroistre Octaue, & si son imposture,
ous laisse quelque doute, ou quelque coniecture:
e vous contentez pas du fer ny du poison;
engez-vous par le feu de cette trahison:
onsiderez, Seigneur, qu'il n'est adresse humaine,
ue pour m'oster à vous, & pour vous mettre en peine:
pres la paction qu'il vous fit arrester;
ubtil, au poinct qu'il est, le Roy n'ait deu tenter;
t que s'il a d'Octaue exigé cét office,
'est sans doute vn esprit assez plain d'artifice,
our auoir sçû tirer de quelqu'illusion
ostre ressentiment, & ma confusion;
ainte fille du temps, sorts du sein de ton pere;
t viens-t'en toute nuë esclaircir ce mystere.

LYDIE, à genoux.

n d'eussay-ie encourir vostre iuste fureur,
rand, Prince, il faut que i'aide à vous tirer d'erreur;
taue est en effet autheur de l'artifice,
ais il a pretendu vous rendre vn bon office;
t vous mettre à couuert des menaces du Roy,
uy faisant voir qu'ailleurs Laure engageoit sa foy;
es habits imitez, & ma voix déguisee,
'ont fait passer pour Laure en vostre ame abusee,
taue l'ayant mise en son appartement,

Et s'estant oüi estois coulé secrettement,
Me fit contribuer à son adresse extresme,
Et pour tromper le Roy, vous abusa vous-mesme.

LAVRE.

Soyez benis, ô Dieux ! de qui le iuste soin,
Desia pour mon honneur a produit un tesmoin.

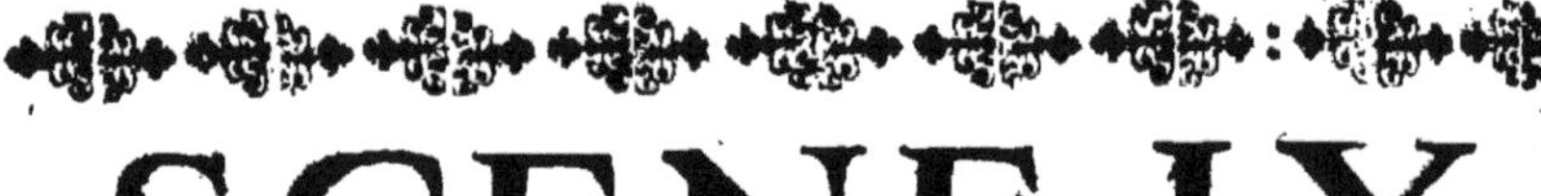

SCENE IX.

OCTAVE, Les Gardes du Prince, ORANTEE, LAVRE, LYDIE.

OCTAVE.

O Mal-heureuse nuit! la fourbe est descou-uerte,
Ie n'apperçoy que trop l'appareil de ma per-te.

ORANTEE, l'espée à la main.

Vien, approche, imposteur, vien receuoir le fruit,
D'une meschanceté plus noire que la nuit.

OCTAVE.

Ha! Seigneur, mon trespas soüillera vostre espée,

ORANTEE.

Dans ton perfide sang, elle sera trempée.

OCTAVE.

Ie ne suis qu'instrument des volontés du Roy,
Ma foy mesme, Seigneur, a corrompu ma foy,
Trop fidelle suiet, & valet infidelle,
C'est pour auoir trop eu, que i'eus trop peu de zelle.

LYDIE à LAVRE.

Helas! reconnoissés ce que i'ay fait pour vous;
Madame, en ma faueur appaisés son couroux.

LAVRE au PRINCE.

Si chez vous mon respect tient encor quelque place,
Ie me iette à vos pieds, accordés moy sa grace.

ORANTEE.

Traistre, baise les pas, & reuere le nom
De la Diuinité d'où te vient ton pardon:
Mais serais-ie compris en cette mesme grace,
Par qui vous desirez que son crime s'efface?
Puis-ie d'vn naturel si sensible & si doux,
Esperer le pardon que i'implore à genoux?
Interdit & pareil, à ces esclaues traistres
Qui pensant eschapper ont rencontré leurs maistres,

O

Madame, ie ne puis que r'entrer sous vos loix,
Et prier vos beautés de rétablir vos droits?
Car enfin vous venger, seroit vostre dommage,
Ce seroit ruïner vostre propre heritage;
Vous vous appauuririés en me pensant punir,
Et c'est la seule mort qui nous doit désunir.

LAVRE.

Faites vous la faueur, qu'il faut que ie vous fasse,
Vous possedés mon cœur, prenés y vostre grace,
Et reconnoissés y, si vostre auersion
Auroit rien alteré de son affection.

OCTAVE.

Seigneur, vostre alliance est desia trop tardiue,
Vous la deuriés presser, demain l'Infante arriue,
La nouuelle ce soir en est venuë au Roy.

ORANTEE.

O Dieux! Cleandre aussi m'a t'il manqué de foy,
Où mon pere auroit-il diuerty son message,
Qui deuoit de l'Infante empescher le voyage,
Resolués-vous, Madame, au ioug que ie pretends,
Soyons bons menagers de ce reste de temps,
Faisons que le soleil commençant la iournée,
Demain nous trouue vnis du saint nœud d'hymenée,
Et laissant faire au Roy des desseins superflus,
Nous ne pourrons donner ce que nous n'aurons plus.

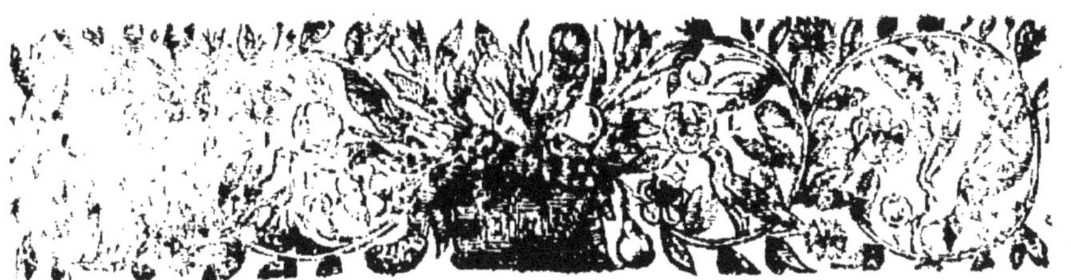

ACTE V.

SCENE PREMIERE.

ORANTEE, LAVRE, CLIDAMAS, OCTAVE, LYDIE.

ORANTEE.

ENfin nostre courage a vaincu toute chose,
Et parmy les soucis nous a trouué des roses,
La ioye, apres l'ennuy, suit enfin nostre espoir,
Vn beau matin nous luit, apres vn triste soir:
Et parmy les effets de ces vicissitudes
Le sort a mis la fin de nos inquietudes.

CLIDAMAS.

I'ose esperer qu'vn iour les Dieux seront benis,
Par les fruits du beau nœud, dont vous estes vnis,
Que les persecuteurs du repos de vos ames,
Deuiendront partisans de vos fideles flames;
Et qu'auant que la nuit nous ait caché le iour;
Vostre pere, luy-mesme, aduouëra vostre amour.

SCENE II.

ARBAN, ORANTEE, LAVRE, CLIDAMAS, OCTAVE, LYDIE.

ARBAN.

Elas! Seigneur Cleandre, à la fin de son âge;

ORANTEE.

Helas!

ARBAN.

A deuancé celle de son message;
D'vn mal inopiné, surpris sur le chemin,
Et sentant que sa vie estoit prest de sa fin,
Il me mit en la main les papiers que i'apporte,
Et d'vne foible voix me parla de la sorte;
Cher Arban (me dit-il) i'ignore comme toy,
Où tend mon ambassade, & quel est mon employ?
Car il m'est deffendu, par ordre exprés du Prince,
D'en voir l'instruction, que hors de la Prouince;
Sa deffense, & mon mal ne me permettent pas,
Ny de l'ouurir icy, ny d'auancer mes pas:
Retourne donc à Bude, & secret, & fidele,

Du trespas, que i'attens, porte-luy la nouuelle:
La mort trancha sa vie, auecques ce discours,
Et ne fut à son mal que l'œuure de six iours.

ORANTEE, à LAVRE

Tu vois comme vn mal-heur a trahy mon attente,
Ce message empeschoit le départ de l'Infante?
Mais l'hymen, dont le nœud nous a ioints cette nuit,
Aura la force, au moins, d'en empescher le fruit:
Adieu, n'oublions rien en l'importante adresse,
Où nous auons recours au besoin qui nous presse.

Orantée s'en va auec Octaue.

OCTAVE.

Belles pretentions, esperances passees,
Helas! que mon mal-heur vous a tost effacees;
Et que les fruits semez sur vne trahison,
Atteignent rarement leur derniere saison.

SCENE III.

CLIDAMAS, LAVRE, LYDIE.

CLIDAMAS.

MA fille, benissez cette heureuse iournée,
Elle vous apprendra de qui vous estes née;

La Princesse arriuant, le moment est venu,
Que vostre illustre sort vous doit estre connu:
Qu'il vous faut secoüer le ioug de ma misere,
Et que vous allez perdre, & recouurer vn pere.

LAVRE.

Que ce discours, mon pere, est plein d'obscurité,
Ne tien-ie pas de vous le bien de la clarté?

LYDIE.

Madame, que i'attens auec impatience
Le fruit que produira cette heureuse esperance!

CLIDAMAS.

Non, ce n'est point ma fille, en ce debile corps,
Que Nature a puisé ces visibles tresors;
Vous seriez vn surgeon plus parfait que sa tige,
Et pour faire vn miracle, elle eust fait vn prodige:
L'hymen qui vous allie à cét illustre sang,
Entretient simplement, sans hausser vostre rang:
Il suffit, vous sçaurez cette heureuse nouuelle,
Quand l'heure permettra que ie vous la reuele;
Et si dés auiourd'huy l'Infante est à la Cour,
Vous en oirez la fin, auant la fin du iour.
Entrons:

SCENE IV.

LAVRE, LYDIE.

LAVRE.

LYdie; ô Dieux! quelle est cette merueille?

LYDIE.

Diuine comme vous, comme vous sans pareille;
Qui telle, toutefois, à peine me surprend,
Car mon cœur me disoit quelque chose de grand:
Et le Ciel, ce me semble, a sur vostre visage
Mis ie ne sçay quels traits, marques d'vn grand courage;
Vn regard, vn soûris, vn geste, vne action,
Disent muettement vostre condition:
Tout en vous, rend pour vous ce secret tesmoignage,
Et i'ay cent fois du cœur entendu ce langage.

LAVRE.

Tu viens, ayant d'Octaue, aidé la trahison,
De cette flatterie achepter ton pardon.

LYDIE.

Vous me cognoissez trop pour punir vne offense,
Qui naist de ma sottise, & de mon innocence;

Loin de vous desseruir, & vous affliger tant,
Ie pretendois vous rendre vn seruice important.

LAVRE.

I'ay pour tous deux pourtant preparé du supplice,
Et ie veux que le traistre espouse sa complice.

LYDIE.

Ie n'en appelle point, suiuez vostre courroux,
Punissez-nous bien tost d'vn supplice si doux.

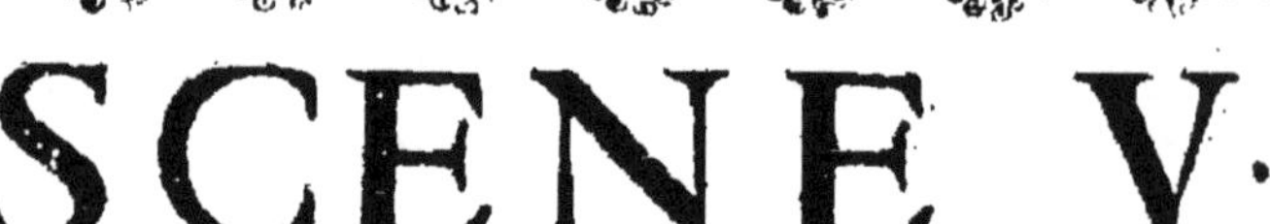

SCENE V.

LE ROY, ORANTEE, L'INFANTE, LE COMTE, L'EMBASSADEVR, DES VALETS.

LE ROY.

NOn, Madame, le Ciel n'a iamais sur Princesse
Si liberalement estallé ses largesses,
Ces inuisibles corps, ces fameux messagers,
Porteurs de nouueautez aux païs estrangers;
Les bruits à quelque point qu'ils vous ayent estimee,
Vous laissoient au dessus de vostre renommee,
Et n'ont iamais atteint la moindre qualité,
Ny de vostre vertu, ny de vostre beauté;
Se leuant. *Mon fils, sur ce suiet, vous dira sa pensee,*

Or

Ou plutost la suiura, car ie l'ay commencée,
Et l'aise qu'il fait voir, tesmoigne clairement
Qu'auecque ce discours, i'entre en son sentiment.

Il s'en va.

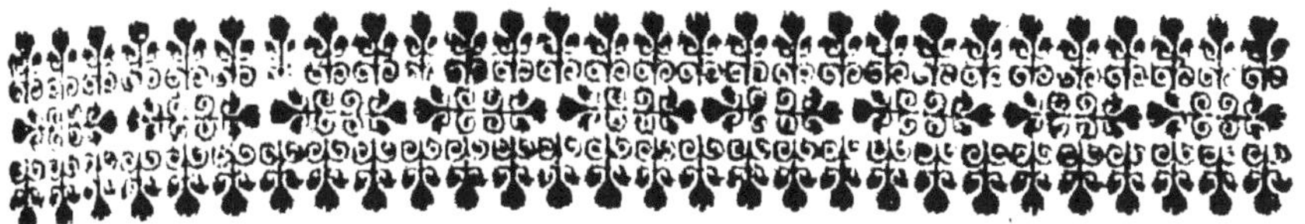

SCENE VI.

LE PRINCE, L'INFANTE, LES VALETS.

ORANTEE.

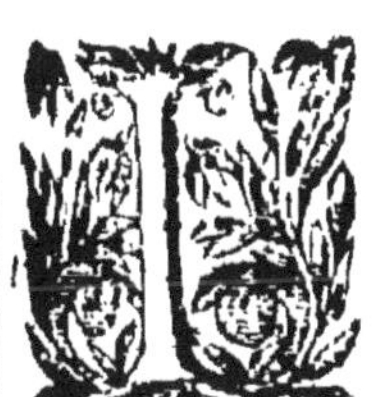

L faut estre d'accord, beau suiet de mes peines,
Que c'est à la Hongrie à produire des Reines,
Et qu'à tort la Pologne oze faire à ses Rois
Pretendre le bon-heur de viure sous vos loix.
Non, le sort ne regit, ny Sceptre, ny Couronne,
Ny du poids, ny du prix du tresor qu'il me donne,
Et cent Sceptres ensemble, à vos charmes offerts,
Ne pourroient ny payer, ny meriter mes fers.

PORCIE.

He quoy! deux à combattre, ô Dieux! quelle eloquence,
Feroit contre la vostre vne vtile deffence?
Ie me rends volontiers en telle occasion
Où ma victoire tourne à ma confusion.

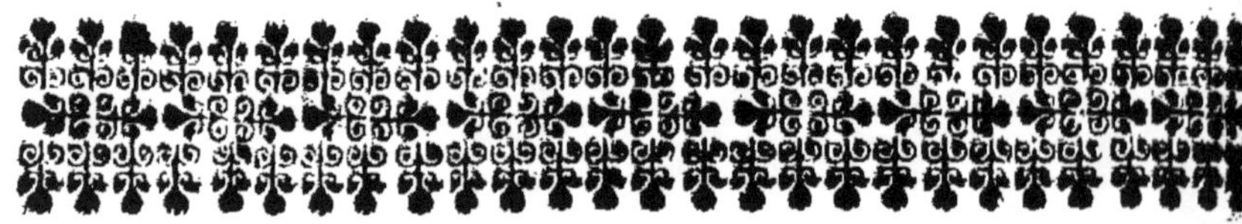

SCENE VII.

OCTAVE, LYDIE, L'INFANTE, ORANTEE, LES VALETS.

OCTAVE. ayant baisé la robbe de l'Infante auec Lydie.

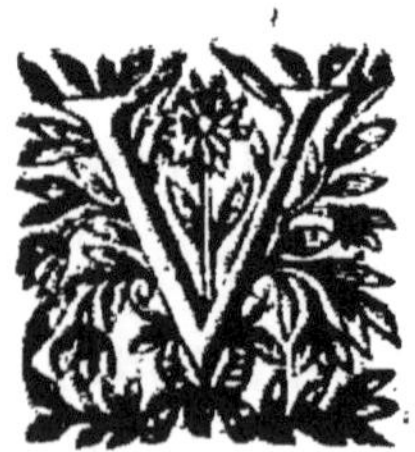

Ne ieune beauté, qui nous est inconnuë,
D'vne instante priere implore vostre veuë.

ORANTEE.

Que veut-elle? qu'elle entre.

LYDIE.

O Dieux! de quels attraits
Le Prince à cét obiet eust ressenty les traits?
Qu'vne si belle veuë auant son mariage
Eust malgré sa constance, ébranlé son courage.

SCENE VIII.

ORANTEE, LAVRE, L'INFANTE, OCTAVE, LYDIE, LES VALETS.

LAVRE, ayant baisé la robbe de l'Infante, dit au Prince,

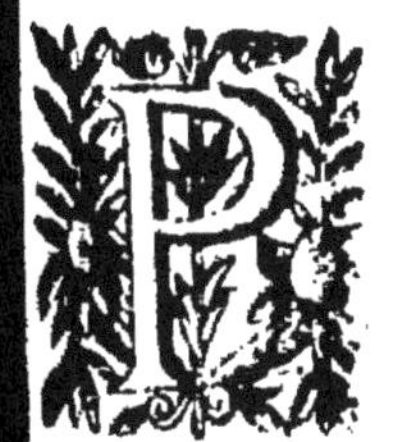

Rince sur qui le Ciel répand en ce beau iour,
Les plus riches tresors, & d'Hymen, & d'Amour,
En faueur des beaux yeux dont vous sentez les flames,
Et du sacré lien qui va ioindre vos ames,
Escoutez moy Seigneur, & que vostre equité

Iuge d'vn different de mesme qualité.

ORANTEE.

Au nom d'vne si belle, & si chere alliance,
Ie ne vous puis (qu'ingrat) nier cette audience:
Mais l'empire absolu que Madame a sur moy,
Luy fera prononcer l'Arrest que ie vous doy;
La qualité du iour, celle de l'occurrence,
Et le sexe, m'obligent à cette defference.

L'INFANTE.

Monsieur, dispensez moy.

ORANTEE.

Ne vous deffendez pa[s]
D'vn droict si legitime à vos charmans appas,
Et ne luy niez pas cét acte de Iustice.

L'INFANTE.

Puisque vous l'ordonnez, il faut que i'obeïsse;
Parlez donc, & forçant vostre mal apparent,
M'exposez en deux mots quel est ce different.

LAVRE, à genoux.

Le Ciel à mes mal-heurs, destine du refuge,
Puisque dedans mon sexe il a choisi mon iuge,

Et que pour obtenir l'Arrest qu'on me rendra
Auecque mon bon droit, Nature parlera.
Cét enfant redoutable à tout ce qui respire,
Qui iusques sur vous mesme, establit son empire:
Ce puissant Roy des cœurs, est autheur du soucy,
Qui consomme ma vie, & qui m'ameine icy.
Madame, ce discours me sied mal à la bouche:
Mais qui peut fuir l'amour? est-il rien qu'il ne touche?
En vn si beau combat, la force du vainqueur
N'excuse-t'elle pas la foiblesse du cœur?
Ie n'en rougis donc point, i'aime, & l'obiect que i'aime,
Respond de mesme ardeur à mon amour extréme;
Ou puisque le premier il engagea sa foy,
Ie paye (à dire mieux) l'amour qu'il a pour moy.
Ce iour qui vous est doux, autant qu'il m'est contraire,
Où d'vn si bel Hymen le flambeau vous éclaire;
Ce iour si desiré, si cher aux yeux de tous,
Auec la mesme torche, éclaireroit pour nous,
Si ma condition, à la sienne inégale,
N'armoit vne puissance à nos desirs fatale,
Qui destine plus haut la foy que i'ay de luy,
Et nous comble tous deux de misere & d'ennuy;
D'vn pere ambitieux, la rigueur importune,
A son contentement prefere sa fortune;
D'vn obstacle honteux trauerse vn beau dessein,

Et veut que l'interest chasse vn Dieu de son sein:
Mais ce fidelle Amant soustiendra, ie l'espere,
L'authorité d'vn Dieu, contre celle d'vn pere;
Tousiours de cét amour il reuere la loy;
Ses sermens chaque iour me confirment sa foy,
Procurez m'en l'effect, ostez nous cét obstacle,
Prononcez vn Arrest, ou plutost vn Oracle,
Par qui nous reuiuions apres vn long trespas,
Et qui fasse pour nous ce qu'vn Dieu ne peut pas.

L'INFANTE.

Cét affaire, Monsieur, est assez d'importance,
Pour faire à vostre aduis preceder ma sentence:

ORANTEE.

Où vous deuez parler, ie tais mon sentiment,
Pour n'oster point de gloire à vostre iugement.

L'INFANTE.

Et moy pour vos respects, i'ay de la reuerence,
Et me fais vne loy de cette defference:
Voicy donc mon aduis touchant ce different.
L'amour n'est point suiet au respect d'vn parent;
Il dépend de soy seul, cét Enfant volontaire,
Pour n'en point respecter, voulut naistre sans pere,
Immortel il possede vn absolu pouuoir,

Et ne releue point de la loy du deuoir.
Donc deux partis s'aimants, & concurrãts ensemble,
Au dessein que l'Hymen, sous ses loix les assemble,
Quelque inegalité qui diuise leur sort,
L'amour estant égal doit estre le plus fort,
Et tout puissant qu'il est, à son pouuoir supresme,
Soumettre la Fortune, & la Nature mesme.
Qu'ainsi donc vostre Amant, suiuant sa passion,
D'vn parent importun, force l'ambition,
Et sans considerer l'autre qu'on luy propose,
Au gré de son amour, de ses desirs dispose;
La mesme authorité qui vous rend cét Arrest,
Sçaura ranger le pere au dessein qui nous plaist.

LAVRE.

Madame, ie ne puis apres cette sentence,
Qu'embrasser vos genoux, c'est ma seule éloquence:
Mais en cét heur commun, souffrez que mõ Amant,
A cét humble deuoir, ioigne vn remerciment,
Me confirme à vos pieds la foy qu'il m'a donnée,
Et dans vos belles mains iure nostre Hymenée.

L'INFANTE.

Est-il icy?

LAVRE.

Fort proche.

L'INFANTE.

Ouy, faites le moy voir.

ORANTEE, se iettant à genoux.

Le voicy qui vous rend vn estrange deuoir,
Qui vous est obligé, de l'Arrest qui vous l'oste,
Et qui vous offençant, vous vient iurer sa faute,
Tout prest de vous complaire, & de vous obeir,
Iusques à vous desplaire, & iusqu'à vous trahir.

LYDIE.

Certes, non sans raison, elle reste confuse.

L'INFANTE.

Vois-je des veritez? ou si mon œil m'abuse?

ORANTEE.

Madame, mon mal-heur va iusques à ce point,
Le raport de vos yeux ne vous abuse point;
Cét obiect me possede, & nostre amour extréme
Ne treuue autre recours, contre vous, que vous mesme.
Ce sont de mon destin de bigearres effects,
Que vous m'assistiez mesme, au tort que ie vous faicts:
Que i'aye en ma partie vn fauorable Iuge,
Et que vous offençant, vous soyez mon refuge.

Ma-

Mais quelque soin, helas! vostre ressentiment,
Vous me plaindriez encor, connoissant mon tourment,
Et sçachant comme moy quelle force infinie
Au sort de cette fille attache mon genie,
Ie vous l'exprimerois, si d'extrémes amours
Se pouuoient figurer aucque le discours :
Mais qu'il est difficille aux maux insupportables
De treuuer au besoin des paroles sortables;
Toute l'intelligence en est au sentiment,
Autant qu'on les dit bien, autant on les dément;
Pour vous en dire assez, il suffit donc de dire
Qu'vn inuincible effort m'attache à son empire,
Et qu'vn commun dessein engageoit nostre foy
Auant qu'on m'eust parlé d'entrer sous vostre loy.
L'Ambassadeur party, i'appris cette nouuelle,
Qui me fut, ie l'auouë, vne atteinte mortelle,
Et quelque extréme honneur qui me fust recherché,
Ce cuisant déplaisir ne peût estre caché;
On combattit long temps le feu qui me deuore,
Mais taschant de l'esteindre on l'accroissoit encore,
Et le soin que mon pere, a pris de me guerir,
M'a mis cent & cent fois aux termes de mourir;
Enfin i'eus quelque espoir au secours d'vne lettre,
Qu'en vos mains vn des miens, eut charge de remettre,
Qui vous eust fait sans doute à l'attente du Roy,
Refuser, par pitié, l'honneur que ie reçoy:

Mais par vn mauuais sort, ennemy de ma flame,
Le porteur en chemin laissa la lettre & l'ame;
Et c'est par ce mal-heur qu'en cette occasion,
Mourant presque de honte, & de confusion,
Et n'osant de vos yeux soustenir la lumiere;
Ie vous faits à regret cette indigne priere,
D'aduoüer vostre Arrest en faueur d'vn Amour,
Qu'on ne nous peut oster, sans nous oster le iour;
De seruir qui vous nuit, & d'estre fauorable
Aux sensibles transports d'vn Amant miserable;
Qui mesme en vous fuyant, n'a que vous de re-
cours,
Et qui vous offençant, vous demande secours;
Ainsi iamais soucy ne trouble vostre vie.

Il se met à genoux.

LAVRE.

Ainsi vostre fortune, égale vostre enuie.

OCTAVE.

Ainsi rencontriez vous au sein de mille Rois,
Mille Esclaues, soumis au pouuoir de vos Loix.

LAVRE.

Ainsi iamais la faux qui destruit toutes choses,
N'attaque de ce teint, les œillets, ny les roses.

OCTAVE.

Ainsi ces yeux vainqueurs de la force du temps,
Bruslent encore les cœurs, en l'Hyuer de vos ans.

LAVRE.

Ainsi, sur vos suiets, sur vous, & vostre race,
Le Ciel à plaines mains, verse à iamais sa grace.

ORANTEE.

Ainsi si iamais Reyne eut des iours comblez d'heur,
De plaisir, de repos, d'estime, de grandeur;
Soit aux Siecles passez, soit au courant du nostre,
Son bon-heur n'ait esté que l'Image du vostre,
Et le cours de vos ans soit aussi glorieux,
Que d'vn Zéle, sans fard, i'en coniure les Dieux.

L'INFANTE.

Dans la necessité, quand elle est absoluë,
Toute ame qui consulte, est trop tard resoluë;
L'amour qui vous assemble a signé mon Arrest,
Pour le faire accomplir, mon secours est tout prest;
Et pour authoriser la foy qui vous engage,
Ie n'ay ny trop d'amour, ny trop peu de courage.
Mais que veut ce vieillard?

SCENE IX.

CLIDAMAS, ORANTEE, LAVRE, L'INFANTE, OCTAVE, LYDIE, VALETS,
Vn Page qui ameſne le vieillard.

CLIDAMAS.

Il luy baille des lettres.

IOur, le plus heureux iour
Qu'ayent iamais ſignalé, la Fortune & l'Amour,
Pour mourir d'vne mort, belle & digne d'enuie
Pleuſt au Ciel fuſſe tu le dernier de ma vie!
Madame, ce depoſt; qu'allant rendre l'eſprit,
La Reine, voſtre mere, entre vos mains remit;
Et que ſa Majeſté m'ordonna de vous rendre,
Quand au Roy ſon eſpoux vous dõneriez vn gendre;
Deſſous ce ſceau Royal, cache vne inſtruction,
Qui vous informera de ſon intention.

L'INFANTE.

Helas! il me ſouuient qu'à cette heure derniere,
Qui rauit à ſes yeux, le bien de la lumiere;

Elle me tint ces mots, d'vne mourante voix,
Que ie m'imprimay bien, tout enfant que i'estois.
Ma fille si le temps, laisse auancer vostre aage,
Iusqu'au iour destiné pour vostre Mariage,
Et que par le pouuoir, & d'Hymen, & d'Amour,
Vous soyez obligée à quitter cette Cour;
Si le iour, qu'à ce iour on vous verra soumise,
En vos mains, de ma part, vne lettre est remise,
Ne manquez d'accomplir ce qu'elle contiendra,
Ny d'adiouster creance à qui vous la rendra.

CLIDAMAS.

Ie m'en suis acquitté.

L'INFANTE.

Faisons-en l'ouuerture.

ORANTEE.

Ma chere Laure, ô Dieux! quelle est cette aduanture?

LAVRE.

Sans doute elle me touche,

OCTAVE, à Lydie.

Approchons, qu'est-ce-cy?

L'INFANTE.

Ie reconnois sa main en l'écrit que voicy,
Et sens certain instinct, dont la force secrette,
Fait que i'entens ma mere à cette voix muette.

Elle lit.

A L'INFANTE Porcie.

De vostre sœur naissante, on eust borné le sort,
Si l'on eust de son pere executé l'enuie:
Mais sa mere empescha sa mort,
Et luy donna deux fois la vie;
Qu'elle tienne auprés de vous,
Rang de sœur, & de Princesse,
Ainsi le Ciel vous soit doux,
Voila le Testament, qu'en mourant ie vous laisse.

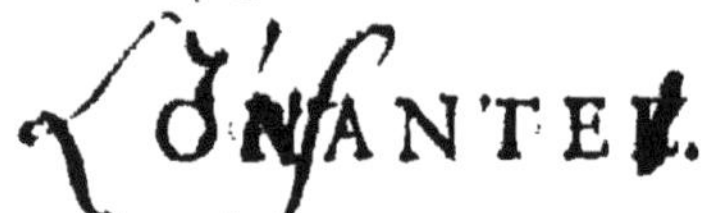

L'INFANTE.

Dieux! que le Ciel sur moy calme tost son courroux,
De me rendre vne sœur, quand ie perds vn espoux?
Qu'vne sensible ioye à mon affront succede,
Et que prés de mon mal, il a mis mon remede?
Acheuez, bon vieillard, vostre Commißion,
Montrez moy cét obiect de mon affection.

CLIDAMAS, montrant Laure.

Vous le voyez, Madame,

L'INFANTE, l'embrassant.

Ha! le sang me la montre;

LAVRE.

Dieux! qu'enten-je?

L'INFANTE.

O ma sœur! quelle est cette rencontre?
Que les decrets des Dieux passent de loin nos sens,
Et qu'à les penetrer nos yeux sont impuissans?

LAVRE.

Quoy! ie treuue par eux, ma sœur en ma riuale.

ORANTEE.

Quelle heureuse fortune à la nostre est égale.

CLIDAMAS.

Apprenez en deux mots quel caprice du sort;
Destinoit son enfance au pouuoir de la mort;

Elle fut condamnée; & par Arrest d'vn pere,
A la perte du iour dés les flancs de sa mere,
Et tout par la frayeur d'vn songe qui souuent,
Comme il n'est que vapeur, ne produit que du vent;
Chacun sçait à quel point l'illusion des songes,
En ce facile esprit, imprime ses mensonges;
Et que quelquefois mesme en leurs obscuritez
Sa superstition, treuue des veritez.
Or presque chaque nuict du temps de la grossesse,
Qui promettoit au iour cette belle Princesse;
Mesmes obiects d'horreur, tousiours luy paroissans,
Iusqu'à le rendre au lict, altererent ses sens;
Ces frayeurs menaçoient sa maison d'vne fille,
Qui de l'vn de ses Chefs, priueroit sa famille;
Et faisant d'vne Cour deux contraires partis,
Contre vn pere regnant, reuolteroit son fils.
Effrayé de ce songe, & de cette menace:
Qu'on retranche (dit-il) ce monstre de ma race;
Qu'il meure de la main, qui naissant le prendra,
Et qu'il perde le iour, le iour qu'il y viendra;
La Reine auoit promis d'accomplir sa cholere,
Mais son cœur fut touché d'vn sentiment de mere
Qui luy fit redouter la iustice des Cieux,
Et mettre entre mes mains, ce depost precieux;
Elle fit croire au Roy, que la fille estoit morte,
Et m'ayant fait venir me parla de la sorte;
Va, sauue Clidamas, & par vn prompt depart,

Ce gage que le Ciel te commet de ma part ;
Ie sçay combien ton soin me fut tousiours fidelle,
Garde encor que iamais ce secret se reuelle,
Si ce n'est quand les Loix d'Hymenée & d'Amour,
Obligeront sa sœur à quitter cette Cour ;
Helas! apres ces mots, suiuis de quelques autres,
M'ayant mis dans les mains, ce que ie mets aux vostres,
Et m'ayant obligé, d'vn solemnel serment,
A garder ce secret inuiolablement,
Soit d'effort de sa couche, ou d'excés de tristesse,
La douleur de la mort saisit cette Princesse,
Et moy fuyant le Roy, me rendis en ces lieux,
Où i'eus soing de leuer ce Chef-d'œuure des Cieux.
Quand i'y pense, depuis la mort de vostre mere,
Et le long differend du Prince, & de son pere,
Ont esté les effects du songe mal-heureux,
Qui menaçoit ses iours d'vn sort si rigoureux,
Le respect du serment que ie fis à la Reine,
M'a tousiours empesché de les tirer de peine ;
Et voicy l'heureux iour, le iour si desiré,
Par qui de ce secret, le temps est expiré.

SCENE X. ET DERNIERE.

LE ROY, LE COMTE, ORANTEE, LAVRE, L'INFANTE, OCTAVE, LYDIE, CLYDAMAS, PAGES, VALETS.

ORANTEE.

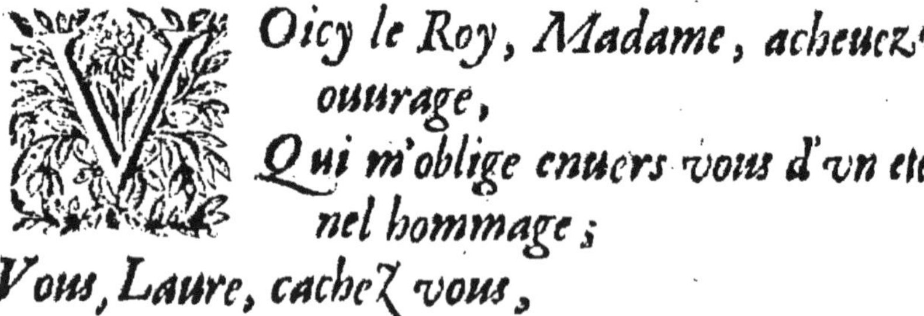

Voicy le Roy, Madame, acheuez vn ouurage,
Qui m'oblige enuers vous d'vn eternel hommage ;
Vous, Laure, cachez vous,

LE ROY, au Comte.

De cette Laure enfin,

Nous auons sceu dompter l'ambitieux destin,
Et par vne alliance vn peu mieux assortie,
Ma fille ; & bien, dequoy vous a-t'on diuertie.

L'INFANTE.

D'vn different d'Amour, vous sçaurez quel il est :
Mais le Prince a desia souscrit à mon Arrest,
Sa voix de vostre adueu sera-t'elle suiuie.

LE ROY.

Ouy, ie vous le promets, s'agist-il de ma vie,
Vous ne sçauriez faillir auec le iugement,
Qu'on remarque en ce front, peint si visiblement.
Quel est donc cét Arrest?

L'INFANTE.

Sçachez-le par la bouche
Du beau couple amoureux à qui l'affaire touche,
Et qu'il baise les mains à vostre Maiesté,
D'vn Hymen confirmé par son authorité.

Le Prince, & Laure se iettent aux pieds du Roy.

ORANTEE.

A nostre Amour, enfin serez vous exorable,

Ou contredirez vous cét Arrest fauorable;
S'il vous souuient du pacte entre nous arresté,
Son succez sollicite encor vostre equité;
Car Laure est innocente, & i'ay sceu l'artifice,
Par qui l'on me rendit vn si mauuais office.

LE ROY.

Lasche persecuteur du repos de mes iours?
Traistre, que ie souscriue à tes folles Amours?
Non, non, tu t'es flatté d'vne attente friuolle,
Et la surprise, icy dispense ma parolle;
Vne fille inconnuë, asseruir sous ses Loix,
Ha! le courroux m'emporte, & m'empesche la voix.

L'INFANTE.

Hé bien Laure, Monsieur, n'estant point son espouse,
Obtiendra-t'il ma sœur.

LAVRE.

Ie n'en suis point jalouse.

LE ROY.

Par la proportion des maisons, & du rang,

Ou vous, ou vostre sœur, honoreriez mon sang.

L'INFANTE.

Que Laure obtienne donc l'heur de vostre alliance,
Dedans vn mesme flanc, nous auons pris naissance:
Mais ne vous obligez, qu'auec condition
D'estre au long informé de son extraction;
Le sort dés sa naissance eut dessein sur sa vie:
Mais ma mere empescha qu'elle luy fust rauie,
Et la commit au soin de ce sage vieillard,
Qui me rend cét escrit, qu'il gardoit de sa part.

Le Roy lit la lettre.

L'INFANTE continuë.

Daignez donc à ma sœur, accorder cette gloire,
Et tantost plus au long, vous sçaurez cette histoire.

LE ROY.

Par quel autre suiet, d'vn iuste estonnement,
Puis-je estre plus surpris, & plus heureusement?
Ouy, vous me forcerez par cette connoissance,
Et certes sa vertu, tesmoigne sa naissance.

Mais quel euenement ſuiura voſtre deſſein?
Pui-je voir ſans regret, voſtre voyage vain?

CLEONTE.

Le ſuccés peut paſſer le deſſein qui l'ameine,
Faites vn double Hymen, donnez nous vne Reine.
Voſtre lumiere, icy iette encor vn beau iour,
Et ne vous excluds pas des miſteres d'Amour.

LE ROY.

Beau charme des eſprits, puis-je ſans vous deſplaire,
Offrir à voſtre Empire vne ame tributaire,
Et le blanc qui commence à teindre mes cheueux,
Ne ioint-il point la honte, à l'offre de mes vœux.

L'INFANTE.

A qui ne ſeroit chere, vne faueur ſi rare?

LE ROY.

Sus, que toute ma Cour, pour ce ſoir ſe prepare,
Et que le double nœud, dont nous ſerons vnis,
Meſle les cris de ioye, à des feux infinis.

LAVRE, à Octaue.

Et vous, respondrez vous à l'Amour de Lydie.

OCTAVE.

Je ne luy puis manquer, sans trop de perfidie.

LYDIE.

O! qu'vn heureux effect succede à mon espoir.

ORANTEE, à Clidamas.

Mon pere, par quel soin, par quel humble deuoir,
Et par quelles faueurs pourrois-je reconnoistre,
Le bien inesperé que vous auez fait naistre;
Mon cœur ne m'est point traistre, & promettant sa foy,
Sentit bien qu'il aimoit en lieu digne d'vn Roy.

FIN.

www.ingramcontent.com/pod-product-compliance
Ingram Content Group UK Ltd.
Pitfield, Milton Keynes, MK11 3LW, UK
UKHW021059200726
13857UKWH00003B/1017